Go Live

Periscope et Facebook live : mode d'emploi
En direct avec le monde entier !

Pierre-Philippe Cormeraie - Benoit Descary - Damien Douani
Préface David Abiker

EDITIONS kawa
www.editions-kawa.com

Table des matières

Le mot du directeur éditorial

J'ai pris conscience de la véritable utilité des réseaux sociaux et du streaming il y a bientôt 7 ans quand l'un des 3 auteurs de ce livre s'est trouvé enfermé dans les toilettes du Palais des Congrès. Voilà l'histoire que nous a raconté le blog « *more than words*[1] », et je ne résiste pas au plaisir de partager avec vous ce post gentiment intitulé : « *Thriller à la MacGyver* » :

« C'était le 29 octobre 2010 à 11h lors d'une conférence dans laquelle il intervenait. Un besoin urgent se faisant ressentir, il va aux toilettes. À 11h08 en essayant d'en sortir, il réalise que la poignée a lâché, il est enfermé ! À 11h09, il se demande « mais que ferait MacGyver ? », lui qui a toujours une solution ! Sauf que Damien n'a aucun outil sous la main mis à part... son iPhone. À 11h10, il envoie un message sur les réseaux pour expliquer la situation dans laquelle il se trouve. À 11h13, 40 personnes lui répondent, s'inquiètent, lui demandent s'il tient le coup et retweetent son message. À 11h18, c'est le buzz sur Twitter, tout le monde le suit quand soudain, une personne présente dans la salle de conférences lit son appel. Les secours arrivent enfin, mais ...n'arrivent à rien et lui passent des outils sous la porte pour qu'il essaie de se libérer de l'intérieur. Il prend ces outils en photo et les diffuse sur les réseaux pour tenir tout le monde informé. À 11h42, il est enfin dehors !

Moralité : il réalise alors qu'il n'a jamais eu l'idée d'appeler un ami et que personne ne l'a appelé non plus ! Naturellement, il a utilisé les réseaux. Son message était surprenant, décalé et donnait envie à ceux qui l'ont lu de le retransmettre. D'autre part, et c'est le fruit du hasard, il l'a envoyé à une heure stratégique de la journée. Ensuite, il a associé plusieurs formats : texte, image... S'il avait eu assez de batterie, il aurait même fait un film ! Les réseaux ont donc une capacité de propagation de l'information étonnante et réinventent les relations humaines...

Cette aventure, Damien l'a narrée au cours du TEDx Montpellier en 2012, devant une salle hilare : http://tedxmontpellier.com/talk/damien-douani/

Et si vous êtes curieux, vous retrouverez les autres conférences TEDx (dont la mienne !) ici : http://tedxmontpellier.com/talk/damien-douani/#2012

Si Periscope ou Facebook Live avaient déjà existé en 2010, nous aurions vu en direct ce fait-divers et nul doute que Damien aurait été sauvé plus rapidement. Trois ans plus tard, Damien, PPC et Benoit sont parmi les premiers à découvrir et propager Periscope (que les puristes prononcent peuriscope) dès son lancement.

1 http://www.morethanwords.fr/2012/01/tedx-montpellier-des-histoires-pour-elever-notre-conscience/

Si les images parlent plus que les mots il est évident que les images animées parlent encore plus que les images fixes; qui plus est avec des images interactives où le monde entier prend la parole, entre dans la conversation en donnant son avis. Est-ce que la télé survivra à cette nouvelle technologie ? Imaginez-vous interpeller David Pujadas pendant son JT ? Ou Elise Lucet pendant ses émissions ?

Sans oublier le business ! L'équation est simple : Nouveaux médias = nouveaux canaux pour atteindre et convaincre les consommateurs.

Décidément, nous ne sommes pas au bout de nos surprises avec le live streaming en général et Periscope en particulier...

Bonne lecture cher lecteur, et n'oubliez pas de vous connecter à WeScopeTV, la 1ère chaîne francophone de live talents dont Pierre-Philippe Cormeraie (PPC) et Damien Douani sont deux des cofondateurs. WeScopeTV ressemble à une vraie chaîne de télé avec ses programmes et ses vedettes, avec un plus : les commentaires en live ! Et ça, ça change tout.

Alors, cher lecteur, avec Go Live, vous saurez tout pour être spectateur ...et n'hésitez pas à devenir acteur !

Henri Kaufman
Directeur éditorial

Pour commencer

Préface par David Abiker, journaliste et chroniqueur

Prenez le train de Periscope

La première fois que je suis intervenu sur Periscope, je m'en souviens encore. C'était dans un TGV, vers 10h45. Je me rendais à un colloque à la montagne (Les sommets du digital pour être précis, à la Clusaz) et je prenais le train avec l'un des auteurs de ce livre.

Depuis que je connais Pierre-Philippe Cormeraie (c'était lui), je ne l'ai jamais vu sans qu'à chacune de nos rencontres, il me dise son enthousiasme pour une innovation. Ce dimanche matin, dans le TGV, il me présenta Periscope.

Je parle au passé simple, car tout est toujours très simple quand PPC vous explique les choses. Donc à peine installés dans le train, il me propose une démonstration de Periscope.

- Mais que vais-je dire ? Je ne sais pas l'utiliser !
- Tu dis bonjour, comme ça tu vois comment ça marche.
- Mais on est en direct là ?
- Oui !

Ce simple échange, restitué de mémoire, montre combien j'étais tétanisé devant le progrès technologique. Moi l'homme de radio, je redoutais la nouveauté, un direct en streaming et en live sur Periscope. Il faut dire que j'ai un physique de radio, mais cela en dit assez long sur nos appréhensions devant un nouveau média.

Je dis donc « *Bonjour, c'est David, avec PPC* ».

Je ne me souviens absolument plus du contenu du message délivré à l'innombrable multitude de ceux qui, abonnés au compte Periscope de PPC, nous regardèrent et nous écoutèrent ce matin-là. Je ne me souviens que d'une chose : À peine avions-nous commencé à nous filmer dans ce wagon de TGV qu'une kyrielle de petits cœurs se mirent à envahir l'écran comme autant d'encouragements à continuer. Des petits cœurs accompagnés parfois de commentaires sans importance. Tout cela en direct.

Car, bien évidemment, la révolution c'est la possibilité d'embarquer sur son téléphone une caméra, un téléviseur et le public qui va avec et qui vous regarde instantanément en vous envoyant des cœurs et des messages « *kestufoula relou !* » (oui, il y a de tout sur Periscope).

Qu'allons-nous faire, nous autres, peuple numérique qui hantons les jours tumultueux de cette année 2017, de cette technologie qui met le direct à la portée de tous les téléphones, de tous les geeks et de tous les fous ? Qu'allons-nous faire du livestream de poche ? Filmer les bavures de la Police, nous suicider en direct, inventer d'autres formes de reportage, filmer des concerts pirates, devenir humoristes de salle de bain, être au cœur des prochains rassemblements de Nuit Debout ? Qui sait exactement jusqu'où nous conduira ce direct à la portée de tous...

Ce qui est sûr, c'est que le sentiment d'être écouté et regardé au moment même où l'on ***est au monde*** est une excitation universelle, un jeu d'enfant qu'on n'a pas fini d'explorer.

Être en direct sur Periscope ou Facebook Live, c'est retrouver la pièce de théâtre du collège en fin d'année, quand on mourait de trac devant les parents. C'est monter sur un banc dans un jardin pour y déclamer son amour de la poésie devant des passants médusés. C'est se rappeler la sournoiserie jouissive des blagues au téléphone du temps où existait encore l'annuaire. C'est une déclaration d'amour, un râteau, un moment fort qui suit immédiatement un mot, un geste auprès de l'être aimé. Les petits cœurs, toujours et encore, qui se répondent en un battement d'ailes.

Le direct c'est la vie, donc.

Le temps passe.

Un an après avoir découvert Periscope grâce à PPC, la chaîne Paris Première m'a proposé d'animer deux heures de Facebook Live pour ses 30 ans. Je n'étais pas chaud, je me trouvais trop vieux et pas assez geek pour ce genre de choses. Finalement je me suis laissé faire. Dès que le moteur a tourné, le public de l'autre côté de l'écran a donné des signes de vie, pas des cœurs, mais des clics et des commentaires. La soirée était lancée, en direct live comme on dit pour faire chouette. Je dois une partie de sa réussite aux explications initiales de PPC.

Ce livre qu'il cosigne avec Damien Douani et Benoit Descary, qui ne sont pas des perdreaux numériques de l'année (de jeunes drones donc), est une invitation à comprendre la technique, mais d'abord et surtout une piste pour savoir ce que nous ferons demain de cette puissance du direct mise à la disposition de chacun.

Que nos téléphones nous aident à briser des chaînes, à comprendre, à unir plutôt qu'à jouer les voyeurs et les promoteurs de notre propre nombril. La technologie est comme toujours un mauvais maître, mais elle peut aussi être un loyal serviteur. C'est la démonstration de cet ouvrage pionnier que vous pourrez dévorer tout en le commentant en direct sur Facebook Live ou Périscope...

David Abiker
Journaliste et chroniqueur

A propos des auteurs

Pierre-Philippe Cormeraie

@PPC

Chief Digital Evangelist dans un grand groupe bancaire, blogueur depuis 2005, PPC est cofondateur de WeScopeTV, la 1ère chaîne francophone de live talents sur Periscope et Facebook Live. Coproducteur depuis 2008 des Vidéos du Succès (plus de 13 millions de vues sur YouTube) / cofondateur en 2012 de Tweetbosses (pour inciter le C-Level à bien utiliser Twitter) / créateur du mouvement #SlashGen (regroupant plus de 500 talents qui vivent de plusieurs métiers), coach de dirigeants et personnalités sur les réseaux sociaux, PPC est aussi animateur et présentateur d'événements hors normes. Utilisateur enthousiaste de Periscope depuis le premier jour, il y est suivi par plus de 30 000 personnes. PPC a aussi créé la communauté des Fans francophones de Periscope qui regroupe déjà près de 800 membres.

Pour suivre PPC :

Twitter : http://twitter.com/ppc

Periscope : http://periscope.tv/ppc

Benoit Descary

@bdescary

Benoit Descary est conférencier, consultant en stratégie numérique, formateur et podcasteur. Il blogue depuis 2006 sur son espace Web, Descary.com. La mission de son blogue est de vulgariser et rendre compréhensible les nouvelles technologies. Consulté par plus de 1,5 million de personnes par année, Descary.com, aborde des thématiques telles que la mobilité, les réseaux sociaux, les services Web et l'univers des appareils iOS. Benoit est passionné par les nouvelles technologies qui émergent à une vitesse fulgurante. Il s'intéresse et suit les développements du Web depuis le milieu des années 90. Il est un utilisateur de Periscope depuis le jour du lancement de la plateforme.

Pour suivre Benoit :

Twitter : http://twitter.com/bdescary

Periscope : http://periscope.tv/bdescary

Site Web : https://descary.com

Damien Douani

@damiendouani

Pionnier du numérique et des nouveaux médias, Damien Douani sillonne depuis vingt ans le monde de la création audiovisuelle, du digital et de l'innovation : ancien responsable innovation et prospective d'Orange, c'est un fin connaisseur des usages numériques émergents et de leurs impacts sociétaux.

C'est également un entrepreneur passionné de l'industrie du divertissement : en 2005, il crée son blog au croisement du numérique et l'***entertainment***, et devient Youtubeur avant l'heure. Il a été l'un des premiers en France à proposer des opérations créatives impactantes en #SocialTV, et utilise Periscope depuis le jour 1. Il est cofondateur de WeScope TV, la 1ère chaîne de live talents francophones, et de WeScope Prod la première structure de production dédiée au livestreaming participatif. A l'origine d'une dizaine de blogs, il chronique et anime régulièrement émissions et conférences qui traitent des apports du digital aux (r)évolutions humaines. Et il adore monter occasionnellement sur les planches :-)

Pour suivre Damien :

http://twitter.com/damiendouani

http://periscope.tv/damiendouani

http://facebook.com/damiendouani

http://youtube.com/damiendouani

Pourquoi ce livre ?

Parce qu'il n'y a pas meilleur moment pour expliquer une révolution qui va toucher durablement les médias tels que la presse écrite, la radio, et bien sûr la télévision. Avec le Social Live streaming, nous sommes en train de rentrer dans une nouvelle ère, celle de la diffusion vidéo en direct et participative. Une véritable révolution selon nous.

Avec les médias traditionnels, l'émetteur d'un message (une personne, une marque, une institution) choisit le véhicule qui lui paraît le meilleur pour communiquer avec son audience cible, les fameux récepteurs du message. On est ici dans une relation "Push to Many" (matraquer l'information au plus grand nombre), d'où le nom de "médias de masse". C'est une communication à sens unique, visant la puissance, destinée à toucher le plus grand nombre.

Avec Periscope, Facebook Live et les autres applications de diffusion en direct participative, tout change. Chacun peut devenir émetteur d'un contenu en temps réel, s'adresser à une communauté de personnes, et voir qui vient s'intéresser à ce qu'il raconte. Nous sommes dans une relation "Pull from Many" (attirer le plus grand nombre). Mais ce n'est pas tout ! Outre diffuser et attirer une audience, celle-ci peut pour la première fois participer, échanger, converser et co-construire.

La qualité d'un bon livestream est donc en fonction de la capacité du diffuseur à générer des interactions en direct avec les participants. **Sur ces nouveaux outils de diffusion vidéo en direct et sociale sur mobile, il n'y a pas de spectateurs, il n'y a que des participants en temps réel.** Et ça, ça change définitivement tout ! Les réseaux sociaux et leurs centaines de millions de membres prennent désormais part à la conversation mondiale des médias. Avec un simple téléphone mobile !

Fascinant, non ? Dérangeant aussi. Vertige de potentialités créatives. Les trois pionniers de la diffusion vidéo francophone en direct et sociale que nous sommes ne pouvaient pas rater le rendez-vous.

Voici donc le livre dans lequel, pour la première fois, nous allons partager avec vous nos expériences, nos convictions, nos apprentissages, et toutes nos astuces pour apprivoiser et maîtriser ce nouveau médium. Nous avons choisi Periscope et Facebook Live, car ils sont à ce jour les outils les plus avancés. Tout ce que nous allons expliquer dans cet ouvrage reste bien entendu valable pour d'autres plateformes : à vous d'en faire votre terrain de jeu. Il n'y a de limite que celle de votre imagination.

Go LIVE !

PPC, Benoit Descary, Damien Douani

Note à nos lecteurs francophones

Il se pourrait que vous croisiez de temps à autre les termes de Social Live streaming dans cet ouvrage. Certains pourraient nous faire la remarque de l'emploi d'un terme anglais dans un ouvrage en français, notamment coécrit avec un québécois ! Ils ont raison, et pourtant...

Le mot streaming est entré dans la langue française pour décrire les services de diffusion de vidéo en ligne. Le mot live est quant à lui utilisé depuis longtemps pour tout ce qui est diffusé en direct. Il ne nous a donc pas paru indispensable de toujours traduire Social Live streaming par service de diffusion de vidéo en direct sur internet. Mais à la demande expresse de Benoit Descary et pour tous nos amis du Québec qui se font un point d'honneur, chaque jour, de respecter cette belle langue française, soyez heureux de retrouver fréquemment "Diffusion en Direct Participative" en lieu et place de Social Live streaming.

Voilà. Vive la francophonie ; -)

Chapitre 1 – Un nouveau média : la Diffusion Vidéo Participative en Direct

Pourquoi la télévision telle que nous la connaissons est-elle morte ?

Comme vous le verrez un peu plus loin, le Social Live streaming n'est pas une nouveauté. Cela fait plusieurs années que les tentatives se multiplient. Mais cette fois, c'est la bonne... Pour plusieurs bonnes raisons : vieillissement des téléspectateurs (connaissez-vous l'âge moyen des téléspectateurs en Grande-Bretagne ? Réponse en bas de page[1]), nouvelle génération biberonnée à YouTube et au replay, smartphones aussi puissants qu'un bon ordinateur dans la poche, multiplication des écrans, réseaux mobiles et WiFi de plus en plus répandus, des milliards de gens connectés aux réseaux sociaux qui se parlent et diffusent de l'information entre eux...

De ce maelström émergent de nouveaux usages : celui que l'on a longtemps dénommé le 4e écran (le premier étant le cinéma, le second étant la télévision, le troisième étant l'ordinateur, pour finir par celui qui se niche dans notre main et notre poche, le téléphone) devient désormais non pas uniquement un récepteur (comme la télévision jadis) mais AUSSI un émetteur instantané.

C'est à la fois une télé dans la poche, une caméra dans la main, et un outil unique pour capter des événements.

En France, 51 % des utilisateurs de YouTube déclarent qu'ils regardent moins la télévision au profit de la plateforme de vidéos de Google (étude MTM de 2015[2]). Au Québec, 57 % [3] des internautes consultent régulièrement YouTube. 80 000 personnes en simultané ont suivi les pérégrinations de Rémy Buisine au cœur de la première #NuitDebout via Periscope tout en posant de très nombreuses questions sur ce qui se passait, avec des réponses immédiates : un score que de nombreuses émissions de la TNT aimeraient avoir !

Telle la guerre du Golfe en 1991 qui a consacré CNN et l'information en continu, marquant le paysage audiovisuel de manière indélébile, 2016 marque un tournant : c'est sur Periscope et Facebook Live que sont diffusées en premier des vidéos de tirs de policiers sur des Noirs ou les premiers témoignages suite à l'attentat du Bataclan. La Breaking News citoyenne !

Regardons plus loin un instant. Si l'info à chaud, l'événementiel, sont les premières cibles naturelles du direct, ce n'est que la partie émergée de l'iceberg. Periscope commence à organiser ses flux thématiquement et a recruté un responsable expérimenté de la programmation éditoriale afin de mettre en avant immédiatement les meilleures vidéos live. Facebook Live pourrait faire de même, sans oublier YouTube qui se lance dans la bataille. Ne serait-ce pas

1 BBC 1 et BBC2 : 62 ans, iTV 60 ans, Channel 4 55 ans, Channel 5 58 ans

2 https://www.thinkwithgoogle.com/intl/fr-fr/infographic/infographie-youtube-sur-les-usages-en-france/

3 http://www.cefrio.qc.ca/netendances/les-medias-sociaux-plus-presents-dans-le-processus-d-achat-des-quebecois/plateformes-sociales-utilisees-par-les-adultes-quebecois/

un début de grille de programmes ? Sans oublier que Twitter, propriétaire de Periscope, a acheté les droits de dix matches de la NFL (la fédération de football américain) et a testé la conversation live autour du dernier tournoi de Wimbledon retransmis en streaming.

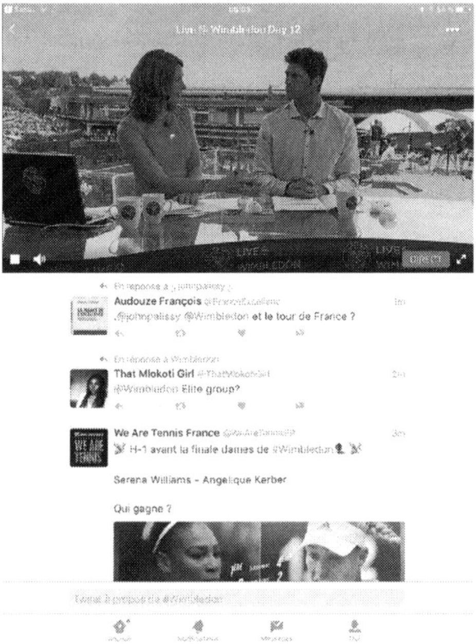

Les réseaux sociaux ont désormais la maîtrise de la diffusion, les contenus, les algorithmes pour cibler précisément les spectateurs intéressants. Il y a désormais autant de producteurs de contenus potentiels que de smartphones dans la nature (plus de 1,5 milliard en 2015...). Autant de personnes (politiques, marques, personnalités ou simple quidam...) qui vont pouvoir contourner les chaînes pour s'adresser à un public captif, sans filtre, habitué aux programmes délinéarisés. Le #hashtag va remplacer le programme télé.

La télévision "d'avant" est morte, elle a perdu la bataille du nouveau direct.

Avec cette phrase volontairement accrocheuse, nous ne voulons pas dire que la télévision "à venir" n'a pas un rôle à jouer. Bien au contraire, le Social Live streaming est une opportunité fabuleuse pour les chaînes d'aller plus vite pour couvrir un évènement, tout en apportant recul et analyse là où les livestreamers vont diffuser de l'image brute. Apporter un filtre, une vraie valeur ajoutée contextuelle, renforcer le rôle du journaliste sur place (qui va cesser de répéter en boucle les mêmes infos). Tout l'inverse de la course à la rapidité et à l'audience d'aujourd'hui : un changement de paradigme radical.

Pourquoi les marques et médias n'y échapperont pas

En un an, 200 millions d'émissions ont été créées sur Periscope, et plus de 110 ans de vidéos sont regardées chaque jour sur mobile. Peu à peu, les Apple TV et Android TV entrent dans les salons et proposent d'accéder aux contenus live de Twitter et YouTube. Les programmes eux aussi évoluent : ETNetwork a lancé début 2016 une émission quotidienne sur Facebook Live, tandis que Roker Labs produit une émission de cuisine avec le mannequin entrepreneur Camila Alves.

Pendant ce même temps, le mobile devient l'écran de référence, toujours dans la poche, toujours connecté. C'est lui qui permet à presque tous d'étancher toute envie, toute impulsion, toute interaction à distance notamment via les notifications des réseaux sociaux.

La diffusion de vidéos participatives en direct donne maintenant naissance à une nouvelle génération de créateurs - que nous appelons dans ce livre les **live talents**. Ils sont une chance pour les médias et les marques parce qu'ils maîtrisent la nouvelle grammaire créative du Social Live streaming. Tout comme les youtubers, ces personnes vont imaginer de nouveaux formats, et vont proposer de nouveaux contenus, plus proches de la réalité de l'instant présent et plus participatifs, qui ne pourront qu'intéresser leur public et leur communauté.

Le rapport de proximité créé par le direct du Social Live streaming permettra d'induire une réelle prise en compte des interactions avec le public : ce n'est pas une diffusion télévisuelle, c'est quelque chose de nouveau qui brise l'écran et réduit la distance.

Pour les marques, cela veut dire l'opportunité de créer une connivence, une complicité au travers d'histoires ayant un véritable attrait, des histoires qui proposent de l'exceptionnel, de l'inédit, qui tirent parti réellement de cette possibilité de tendre la main au spectateur pour l'emmener à converser dans son univers, ou tout simplement lui rendre service.

Pour les médias, c'est l'occasion de repenser des formats plus courts, lisibles en mobilité, tenant compte des avis de fans, en intégrant habilement les marques au récit. C'est aussi l'opportunité de revisiter la chronologie du travail de journaliste. Pourquoi ne pas aller d'abord chercher les questions des spectateurs lors d'un livestream participatif avant d'écrire son papier ou d'interviewer un homme politique ? Après tout, les questions des "vrais gens" ne constituent-elles pas un terreau formidable pour trouver un angle qui va intéresser ensuite le plus grand nombre ? Et finalement, ces questions ne sont-elles pas plus pertinentes que les questions de certains journalistes parisiens qui vivent souvent dans un entre-soi propre au microcosme journalistique ?

Les plateformes de Social Live streaming sont avant tout des réseaux sociaux avec la composante de la captation vidéo en temps réel. Elles offrent donc l'opportunité d'avancer d'un cran dans la conversation déjà initiée par la présence en ligne des marques et médias, avec un maximum de préparation pour pouvoir improviser en temps réel. L'ambition de cet ouvrage est de vous donner l'envie de sauter le pas et de vous familiariser au Social Live streaming grâce à nos nombreux exemples, méthodes et astuces. On avait dit Go Live, non ?

Qu'est-ce que la diffusion vidéo sociale en direct ?

Bref survol de l'historique du live streaming

La première application mobile de diffusion en direct testée par Benoit et Damien était Qik. À l'époque (nous sommes en 2006), nous étions encore sur des Nokia. Le rendu de la vidéo n'était pas très bon, le réseau 3G pas assez rapide pour la transmission vidéo et les capteurs vidéo des smartphones n'étaient pas encore assez précis.

En revanche, cette application a permis de découvrir le potentiel de la diffusion en direct depuis un appareil mobile. Elle avait notamment une particularité, que l'on retrouve dans Periscope et Facebook Live : la possibilité donnée aux spectateurs de commenter ce qu'ils voyaient. De son côté, Ustream a été l'une des premières plateformes de diffusion en direct à intégrer une couche sociale sur son service avec les commentaires et conversations provenant de Twitter. Livestream.com a aussi proposé une possibilité de diffusion en direct sur Facebook, tout comme l'éphémère BFF (de Ustream).

Il y a eu d'autres initiatives qui n'étaient pas de la diffusion en direct, mais de la vidéo asynchrone (autrement dit, pas en direct immédiat). Les lecteurs un peu geeks se rappelleront par exemple Seesmic, créée par Loïc Le Meur en 2007, et animée par le célèbre Vinvin. Seesmic, disparue depuis, était une application innovante permettant aux membres de ce réseau de converser en se laissant de courts messages vidéo. Deux des principaux freins, qui ont probablement coûté la vie à Seesmic, étaient qu'à l'époque les gens à l'aise à se filmer devant une caméra n'étaient pas si nombreux, et qu'il était nécessaire d'être devant son ordinateur pour enregistrer son message. La mode des selfies et l'explosion des téléphones intelligents n'étaient pas encore passées par là.

En février 2014 Kayvon Beykpour et Joe Bernstein lancent une société sous le nom de Bounty, et lèvent 1,5 million de dollars en avril auprès de différents investisseurs dont, ironie de l'histoire, Google Ventures. Twitter rachètera Periscope en janvier 2015 après 6 mois de discussions. Et l'histoire commence à s'emballer :

- En février 2015, un concurrent inattendu dégaine le premier un concept très proche de Periscope : Meerkat. Il suffit de s'inscrire avec son compte Twitter afin de pouvoir immédiatement diffuser de la vidéo en direct depuis son téléphone portable.
- Le succès est au rendez-vous, et le bouche-à-oreille prouve l'attente des utilisateurs pour ce type de solution de social streaming.
- La réplique ne se fait pas attendre : Le 13 mars 2015, Twitter officialise au festival musical et Geek "SXSW" le rachat de Periscope pour un montant situé entre 50 et 100 millions de dollars américains.
- Dans la foulée, Twitter lance une bêta privée de l'application et coupe l'accès de son graphe social (la "carte" des utilisateurs de Twitter) à

Meerkat afin de l'empêcher de publier ses flux vidéo sur sa plateforme. Twitter tente une Blitzkrieg - une guerre éclair - afin d'étouffer dans l'œuf toute velléité de concurrence.

- Periscope pour iOS sortira le 26 mars 2015 ;
- Meerkat jettera l'éponge en début 2016, en abandonnant le Social Live streaming.

Le 26 mars 2015, l'application Periscope est donc officiellement lancée sur l'Apple Store avec une version spéciale pour les iPhones. Le succès est fulgurant et le million d'utilisateurs est atteint en quelques jours seulement. Plus vite que cela ne l'a été pour Facebook ou Instagram. L'application Android sera lancée quelques semaines plus tard, le 25 mai 2015. Bien que très jeune, la société et son produit phare ont eu une vie déjà bien remplie. La genèse remonte à 2013 : Kayvon Beykpour et Joe Bernstein, les deux cofondateurs de la société, ont l'idée du service lors d'un voyage à Istanbul. Alors que des manifestations éclatent sur la place Taksim, Kayvon se branche sur Twitter pour prendre le pouls de la situation. Il constate que s'il peut effectivement suivre ce qui se passe en quasi direct, il ne peut voir aucune image vidéo de la situation. Or, si une photo vaut mille mots, la vidéo en direct peut littéralement vous transporter quelque part, comme si vous y étiez. Ainsi est née l'idée de pouvoir découvrir le monde à travers le regard des autres, telle une téléportation. La métaphore du Periscope s'impose d'elle-même. Le 12 août 2015, soit près de 5 mois après son annonce officielle, Periscope annonçait avoir dépassé les 10 millions d'utilisateurs et diffuser l'équivalent de 40 ans de vidéo par jour. Nommée "application de l'année" par Apple en décembre 2015, elle sortira des téléphones pour investir aussi les caméras GoPro Hero 4 en janvier 2016 et les Drones DJI quelques mois plus tard.

Tout évolue rapidement dans le monde redoutable de la diffusion en direct. Voyant le succès rapide de Periscope, le géant Facebook a rapidement réagi en lançant Facebook Live. Idem du côté de YouTube qui voit d'un mauvais d'œil ces deux acteurs majeurs qui visent à grignoter l'appétissant gâteau de la vidéo en live. La guerre de la diffusion en direct ne fait pourtant que commencer et il y a déjà des morts. Meerkat, l'application qui avait dégainé son service de social streaming quelques semaines avant Periscope, a baissé les bras face aux succès de Periscope et à l'arrivée du mastodonte Facebook avec son service Facebook Live Vidéo. Meerkat existe toujours, mais la société ne fait plus dans le social streaming. Vous avez dit univers impitoyable ?

Une autre Startup se lance dans la diffusion en direct. Il s'agit de Musically. Ce réseau social mobile, qui compte plus de 100 millions d'utilisateurs, permet de créer, partager et de découvrir des vidéos de lip-syncing, danse et comédie. Musically, qui vise une clientèle d'adolescents, a lancé au printemps 2016 une application de diffusion en direct. Elle se nomme Live.ly. Cette application mobile est somme toute un Periscope, mais pour adolescents. Vous pouvez commenter, ajouter des cœurs, des autocollants et l'hôte de la diffusion peut aussi lui répondre par écrit à l'aide de commentaires. Actuellement, live.ly compterait déjà plus de 4,6 millions d'utilisateurs mensuels.

Periscope et Facebook Live

Face au succès de Meerkat et Periscope, Facebook ne pouvait que réagir. C'est chose faite avec Facebook Live, qui est la solution vidéo très fortement poussée par la société de Mark Zuckerberg afin de contrer Periscope. Quand on est une entreprise digitale établie, le plus grand risque est de se faire rattraper par une petite start-up qui crée un service génial. Tous les coups sont donc permis pour l'en empêcher.

Initialement lancé via une application spécifique (Facebook Mentions) pour les "profils certifiés" (majoritairement des personnalités publiques), le social streaming sur Facebook est désormais ouvert à tous, que ce soit dans les profils personnels, les groupes et les pages de fans. Sur le principe, la mécanique ressemble beaucoup à celle de Periscope : Social Live streaming depuis une application mobile, possibilité d'avoir des commentaires en direct, réactions instantanées via le bouton "j'aime", courbe d'audience en direct... Il est évident que les deux plateformes sont en concurrence frontale et que certaines fonctionnalités se retrouvent dupliquées de l'une vers l'autre.

À l'usage, on constate cependant que chacune des plateformes s'adresse à des publics assez différents, et qu'en fin de compte il est tout à fait possible de les faire cohabiter selon ce que vous désirez montrer, et à qui.

Periscope est un outil qui mise sur l'immédiateté, le moment "chaud", la proximité, l'échange instantané. Le positionnement des bulles de commentaires en surimpression de l'image du live est d'ailleurs un choix assumé afin de pousser aux échanges et à la conversation entre l'émetteur de la vidéo et ceux qui regardent. Techniquement, l'émission se fait via des moyens légers tels qu'un téléphone mobile, un drone ou une GoPro. De plus, tout comme sur Twitter, tout est, sauf avec réglages spécifiques, public. Vous pouvez donc toucher une audience très large et ouverte, en général plutôt mélangée et jeune, pouvant être très pointue sur son domaine.

Cette audience va pouvoir, via Twitter et Periscope, partager et viraliser votre live si celui-ci est intéressant : vous avez donc la possibilité de vous retrouver avec une très forte audience. Le revers de la médaille étant que vous pouvez être confronté à des « *trolls* », des personnes venant polluer votre direct. Nous donnons d'ailleurs plus loin dans cet ouvrage les bonnes techniques afin de savoir les maîtriser.

Facebook Live diffuse dans l'enceinte même de Facebook. De fait, la diffusion est plus limitée, gérée, sécurisée, et vise moins l'instantanéité que le témoignage et le partage d'un "moment" en vidéo. Votre live peut être restreint uniquement à vos amis, ou à un cercle spécifique comme un groupe. Sur les pages de fans, la diffusion est publique et va toucher plus particulièrement ceux qui aiment votre page.

Facebook, via son algorithme, va gérer la diffusion de l'alerte via ses notifications selon une mécanique qui lui est propre et sur laquelle vous n'avez pas le contrôle (ce qu'on appelle la portée, c'est-à-dire le nombre de gens notifiés au bon vouloir de Facebook). De fait, les choix ergonomiques de Facebook Live font qu'il est possible de diffuser une vidéo en direct sans nécessairement prendre en compte les commentaires lors du live.

Les deux acteurs cherchent à encourager des contenus de qualité. Techniquement, il est donc possible d'utiliser du matériel professionnel autre que son téléphone mobile. On se rapproche ainsi d'une mécanique plus "télévisuelle", moins "chaude" dans son traitement, peut-être plus institutionnelle, qui peut être tout à fait adaptée à certains nombres d'évènements. Espérons cependant que les acteurs de la télévision traditionnelle saisissent ces nouvelles opportunités conversationnelles au risque de passer à côté de ce qui fait le sel de ces plateformes innovantes : la collaboration en temps réel.

Tout va certainement se jouer dans la teneur de ce que vous désirez raconter : quelle est votre histoire, le fond de votre message ? Quelles retombées attendez-vous ? Il est tout à fait possible de construire une stratégie tirant parti de l'une ou l'autre de ces plateformes. Nous vous dévoilerons dans un des chapitres de ce livre les techniques infaillibles pour réussir à captiver et converser avec votre audience en construisant un *storytelling* parfait.

L'explosion de la diffusion en direct est-elle un feu de paille ?

En un mot comme en cent, notre réponse est NON!!! La diffusion vidéo en direct et interactive va s'installer durablement, comme les radios libres se sont développées en France dès 1981, comme les blogs se sont développés à partir de 2005, comme les réseaux sociaux ont vraiment décollé à partir 2010. Periscope n'existe que depuis le 26 mars 2015 et moins de 6 mois plus tard des dizaines de millions de personnes dans le monde l'utilisaient tous les jours.

Face à ce succès, Facebook a mis en route toute son artillerie pour rendre omniprésent le bouton permettant de lancer un live, pour rendre visibles les lives de vos amis et est même aller jusqu'à payer des personnalités pour qu'elles utilisent la fonction. Mark Zuckerberg a fait du live l'une de ses priorités pour les années à venir. L'enjeu ? Ne pas perdre sa position de leader. Le fondateur de Facebook dispose d'équipes qui savent exécuter rapidement (et avec habileté) la vision du grand patron. Facebook veut prendre la plus grosse part du gâteau, le fait savoir et met tous les moyens pour y parvenir.

Le Social Live streaming est la suite logique des réseaux sociaux et des blogs qui sont là depuis près de 15 ans. Pourquoi? Parce que les articles et les commentaires écrits, puis la photo (Flickr, Instagram...), l'intensification des échanges interpersonnels via Twitter et Facebook, le temps qui se contracte et qui donne envie de toujours en voir plus, l'utilisation massive du mobile... tout cela a formé le terrain propice à la diffusion d'images en direct, donc au social streaming et son explosion.

Quels sont les facteurs qui expliquent le succès de Periscope et Facebook dès leurs lancements respectifs ? Il y en a, selon nous, au minimum cinq.

1- La mode des selfies :

Cette mode a démocratisé le fait que les gens osent se montrer sur les réseaux sociaux et diffuser une part de leur "extimité"[1] (je montre des éléments de ma vie intime à l'extérieur de mon cercle d'amis proches). En fait, l'utilisation de la caméra frontale, celle qui permet de faire des selfies, a préparé les gens à la diffusion en direct. Il y a une habitude qui s'est créée.

2- L'augmentation croissante des débits disponibles en mobilité :

L'omniprésence de la 4G / LTE a certainement contribué à cette explosion des services de diffusion en direct, par le confort et l'immédiateté procurés par les débits proposés. Nul doute que le champ des possibles sera encore décuplé avec les futurs réseaux 5G.

1 D'après Lacan, l'extimité, par opposition à l'intimité, est, tel qu'il a été défini par le psychiatre Serge Tisseron, le désir de rendre visibles certains aspects de soi jusque-là considérés comme relevant de l'intimité. https://fr.wikipedia.org/wiki/Extimité

3- La qualité croissante des optiques sur les smartphones :

Les avancées techniques des appareils photo présents sur les smartphones ont aussi grandement contribué à cet essor. L'appareil photo frontal, autrefois négligé, a soudainement été amélioré (surtout à cause, ou grâce au phénomène selfie), et la caméra arrière flirte elle avec la dizaine de mégapixels, même sur les téléphones d'entrée de gamme.

4- Un besoin fort des individus de vivre des moments en temps réels :

Les individus veulent des contenus qui sont beaucoup plus proches de l'actualité, donc beaucoup plus de live. Et les gens cherchent des applications où la conversation est possible : Periscope et Facebook permettent cela. Comme le dit Kayvon Beykpour (cofondateur de Periscope) : "Periscope, c'est la vérité du moment filmé et l'interaction avec des moments qui se passent en temps réel".

5- Un design des applications réellement orienté vers l'utilisateur

La fluidité des interactions dans l'application, l'intelligence de l'ergo-design, et même la psychologie portée par le choix des cœurs (icône rassurante et bienveillante pour le diffuseur) expliquent probablement le succès rapide de Periscope. Apple l'a d'ailleurs bien compris et a élu Periscope meilleure application au monde en 2015 !

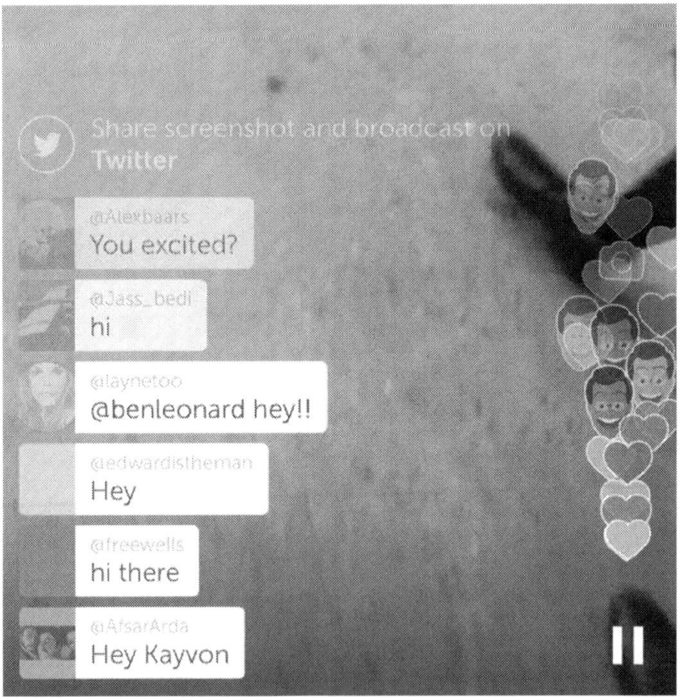

De son côté, Facebook live a fait le choix de l'intégration au cœur même de son application. Mot d'ordre de Mark Zuckerberg : Le bouton live doit prendre une place quasi naturelle au sein de Facebook. Le lancement du live a donc très vite trouvé sa place à proximité des icônes historiques permettant d'écrire ou de publier. Les followers en live peuvent laisser des likes ou des emojis (dont des cœurs) comme pour tout contenu sur Facebook. Ils peuvent aussi commenter en temps réel ou laisser des commentaires plus tard.

Periscope ou Facebook Live, c'est bien "l'alignement" et la confluence de toutes ces raisons, boostées par les usages massifs du mobile (notamment sur les générations de moins de 25 ans), qui valident ces nouveaux usages dans le temps. La vidéo de qualité, la non-peur de se montrer, la possibilité de produire du contenu et prendre la parole en un clic via un objet que l'on a tout le temps sur soi : le Social Live streaming fait désormais partie intégrante des conversations sociales.

Quelles différences entre Google Hangout, Ustream, Periscope, Facebook Live ou YouTube live ?

À l'origine (il y a de cela environ une dizaine d'années), les services de live streaming se sont lancés dans la diffusion - à l'instar du direct à la télévision - de flux vidéo professionnels ou personnels sur internet. L'objectif était simple : mettre "en ondes" le plus rapidement possible un événement en direct. L'arrivée des réseaux sociaux a poussé certains de ces services à intégrer une "couche sociale" afin d'enrichir les échanges avec les spectateurs de ces Lives, par le biais de commentaires.

La force des nouveaux outils du Live est de rendre simple et très accessible quelque chose qui était jusqu'à présent assez technique à mettre en œuvre. Toute personne qui possède un smartphone devient potentiellement un diffuseur. Il suffit désormais d'ouvrir son application mobile, d'appuyer sur le bouton "Diffuser" et l'on est en direct ! Cette facilité peut d'ailleurs se révéler comme étant un piège pour beaucoup de personnes, et notamment pour les marques, qui peuvent oublier qu'émettre n'est qu'un aspect de la diffusion en direct : encore faut-il avoir une histoire à raconter... Ce que nous verrons plus tard dans cet ouvrage.

Les principaux acteurs

Bigo Live : application mobile disponible sur iOS et Android, Bigo Live reprend les grands principes des applications de Live streaming sur mobile en y ajoutant une rémunération des créateurs de contenus.

Busker : application mobile qui permet de réaliser des livestreams avec interactions des participants. L'application permet de planifier une session de diffusion en direct et d'y inviter ses followers. L'application permet au diffuseur d'être rémunéré par les spectateurs via PayPal.

Google Hangout : Hangout est l'outil de messagerie instantanée de Google. Il permet notamment de faire des diffusions privées ou publiques en direct et en vidéo, seul ou à plusieurs (jusqu'à 15 personnes). L'outil intègre de nombreuses options afin de professionnaliser son livestream. Il est possible de diffuser son Live sur Google Plus et YouTube, qui en gardera une version enregistrée. En revanche, la mise en œuvre nécessite un ordinateur et le lancement d'un hangout vidéo depuis l'application mobile est loin d'être aussi instantanée et simple que Periscope ou Facebook Live.

Livestream.com : à l'instar de Ustream.tv, Livestream.com est une solution américaine incluant bande passante, statistiques, plateforme d'hébergement et de diffusion. Elle s'adresse aussi au grand public (via une offre freemium sponsorisée), et permet de diffuser sur télévision via des terminaux comme l'Apple TV ou Roku.

Plussh: jeune solution française à la fois destinée au grand public et aux entreprises, qui propose de faire de la diffusion en direct via une application mobile, d'héberger les vidéos (en public ou privé) et de permettre leur partage sur les réseaux sociaux.

Snapchat Live: Snapchat propose deux services distincts de live en vidéo, l'un via les Stories (mais il ne s'agit pas de diffusion en direct à proprement parler) et l'autre via les messages interpersonnels où il est possible de faire un live vidéo. Mais l'usage reste, à ce jour, restreint et privé.

Streamup, Live.ly : platefomes communautaires dédiées à la musique. Ses membres peuvent regarder des Lives de leurs artistes préférés, discuter en ligne.

Instagram Live video: Instagram propose aussi une solution de diffusion en direct. Ici, il n'y a pas notion de rediffusion. En fait, cette fonctionnalité Live que nous retrouvons sur Instagram se rapproche de ce que proposait Meerkat en 2015.

Tribe: application mobile qui permet d'envoyer de courtes vidéos live à une ou un groupe de personnes. Celles-ci peuvent répondre instantanément en vidéo, d'une simple pression du pouce.

Twitch.tv: propriété d'Amazon, Twitch.tv est une plateforme créée en 2011 et issue de Justin.tv. Elle est spécialisée dans les Lives de jeux vidéo et de compétitions e-Sport.

Ustream.tv: racheté par IBM, Ustream.tv propose une solution professionnelle payante de diffusion en direct pour relayer des événements en externe ou en interne à des entreprises. Ce service se rapproche plus de la diffusion télévisuelle traditionnelle.

YouNow, Live.me : ces services de diffusion en direct sont disponibles uniquement sur Android et iOS. Le public y est jeune (moins de 24 ans), et réunissent de nombreux artistes qui aiment à rester en lien avec leurs fans. Un programme de rémunération partagée est proposé aux créateurs de contenus.

YouTube en direct: YouTube propose la possibilité de faire des live directement sur leur plateforme via leur interface Creator Studio, de suivre les audiences et de modérer les commentaires, mais cela nécessite des paramétrages et un outillage professionnel d'encodage vidéo. Sur mobile, à l'heure où nous rédigeons cet ouvrage, seuls les propriétaires de chaîne avec plus de 10.000 abonnés peuvent émettre en direct sur leur chaîne YouTube à partir d'un smartphone. Il est à noter que l'interface ressemble énormément à celle de Periscope avec, pour les Youtubers à succès, la rémunération publicitaire habituelle.

Le Social Live streaming n'en est qu'à ses débuts et il y a déjà quelques abandons

Après Meerkat, Blab, plateforme web aussi disponible sur mobile, permettait de converser à plusieurs dans une même session de diffusion en direct. Jusqu'à 4 personnes en vidéo simultanée, et un fil de commentaires en direct écrit par les personnes assistant à la diffusion. De plus, il était possible d'inclure n'importe quel média venant d'une autre plateforme durant l'émission : par exemple, si vous désiriez faire écouter une musique ou montrer une vidéo, vous pouviez lancer Spotify ou YouTube et en partager le contenu. Face aux mastodontes Periscope, Facebook Live et YouTube Live, Blab a donc jeté l'éponge durant l'été 2016 ... Et Facebook Live a pris la suite en lançant la conversation live avec deux diffuseurs à la fin août de cette même année. Idem pour le français Nomadcast qui proposait de faire des lives simultanés sur Facebook et Twitter depuis une app mobile unique. Précurseurs, ils n'ont pas résisté dans le temps. Tout va très vite dans le monde fortement concurrentiel du Social Live streaming.

Cas d'usage : interview d'une personnalité ou d'un expert.

Stéphane Richard, PDG du Groupe ORANGE interviewé par PPC sur Periscope
Crédit Photo Emmanuel Vivier

Une interview en live avec nombreuses interactions des spectateurs en direct, ça change tout. Ça change la façon de filmer, la façon d'interagir avec l'interviewé, la façon de poser des questions même. La relation interviewé-interviewer prend une dimension nouvelle avec le Social Live streaming. Cela demande à l'interviewer une parfaite maîtrise de son sujet, de l'interviewé, de ses émotions, des outils techniques, de la lumière et du son ... et aussi de sa capacité à gérer en simultané les commentaires en direct de la « *chat room* ». Vous pensiez avoir tout vu avec le JRI, ce Journaliste-Reporter-d'Images, qui faisait la prouesse de remplir plusieurs métiers de l'ancienne chaîne de valeur des télévisions encore très riches pour payer de nombreux corps de métiers ? Avec les livestreamers, une nouvelle race d'interviews, d'animateurs et de journalistes va émerger. Des individus professionnels, capables de tenir leur sujet, d'investiguer, d'interagir en temps réel tout en gérant le son, la lumière, le cadrage, la diffusion et parfois le buzz. Et cela nécessite beaucoup de pratique (et de talent) pour improviser en temps réel et gérer positivement la pression. Les fondateurs de WeScope TV, 1ère chaîne de télévision francophone sur Periscope et Facebook Live, les appellent des "live-talents". Nouvelle donne signifie nouvelle organisation. Si vous interviewez quelqu'un, répétez avec lui. Expliquez-lui bien le principe des interactions et le fait qu'il va être interrompu pendant son interview. Il lui faudra donc privilégier des réponses courtes pour favoriser le maximum de réponses aux questions des participants. Pour faciliter la vie de la personne interviewée, jouez donc le rôle de l'interviewer. Cela vous permettra de jouer le rôle de modérateur, de sélectionner les questions à poser à l'interviewé et à celui-ci de rester focalisé sur son discours. Rappelez-vous, c'est vous qui êtes le chef d'orchestre, le seul responsable de la bonne tenue de cette captation en temps réel avec des interactions parfois imprévues. Vous avez un peu de pression ? Respirez un bon coup, tout va bien se passer. Vous avez presque tout prévu, donc ça va aller. GO Live !

Cas d'usage : seul face à la caméra.

Damien Douani faisant une visite des coulisses de France Télévisions sur Periscope
Crédit Photo Pascal Lechevallier

Vous vous filmez en mode selfie, c'est le live complet et en plus, comme 90 % d'entre nous, vous n'aimez pas vous voir. Le direct en solo, c'est comme parler à son miroir avec des commentaires et des milliers de cœurs qui apparaissent face à vous. L'astuce ici consiste à ne se concentrer que sur deux choses, votre contenu et les commentaires. Et c'est déjà beaucoup.

Prévoyez aussi une antisèche avec le schéma d'ensemble de votre contenu : le déroulé de ce que vous voulez dire, les passages clés, les points incontournables que vous ne voulez pas oublier. Concernant les trolls, ne vous en formalisez pas et suivez nos conseils dans la partie consacrée à ce sujet dans ce livre. Une seule chose : ne les "nourrissez" pas !

Privilégiez aussi le mode portrait au mode paysage, il amènera plus d'intimité avec les personnes qui vont venir participer à votre diffusion, et l'interface de Periscope est plus adaptée à la lecture des commentaires dans ce sens. Enfin, restez le plus "ouvert" possible, ne soyez pas rigide sur votre déroulé. Respectez-le et soyez à la fois flexible sur ce qui peut arriver autour de vous. Une opportunité de "sortir des rails" permet parfois d'enrichir votre sujet !

Qui est responsable des images diffusées ?

Si vous vous êtes déjà essayé à l'exercice de diffuser en direct avec votre téléphone, vous avez très probablement ressenti une certaine adrénaline monter en vous. Oui, le Live c'est grisant et peut, si vous n'y prenez pas garde, entraîner votre responsabilité. Vous pensiez que c'était le fournisseur de l'application qui était responsable ? Détrompez-vous, les mentions légales de Facebook ou Periscope sont claires. Ces acteurs se positionnent comme des hébergeurs dont la responsabilité n'est engagée que s'ils n'ont pas supprimé un contenu illicite signalé au préalable par des utilisateurs.

En tant qu'auteur de la vidéo, votre contenu se doit d'être original. Dans le cas contraire, vous encourez le risque d'une infraction au code de la propriété intellectuelle et artistique. Vous retransmettez un contenu d'un film, d'un concert, d'un match de foot ou d'une manifestation sportive ? Méfiez-vous, le droit d'auteur ou d'exploitation de manifestations sportives ne sera pas en votre faveur, car il vise à protéger les ayants droit. Vous filmez à son insu une personne, l'atteinte à la vie privée et au fameux droit à l'image vous pend au nez. Le mieux lors d'un live est donc de poser la question aux personnes avant de les filmer ou les interviewer. Et si vous posez la question en live avant de filmer la personne, vous avez en plus enregistré la preuve de son consentement. En tant qu'auteur, vous êtes aussi responsable des contenus qui proviennent de vos commentateurs ! Et oui. Certes, les contenus répréhensibles (incitation à la haine, insultes ou injures ...) sont de la responsabilité de son auteur, mais à vous de les supprimer, car vous êtes alors à votre tour hébergeur de contenu.

Pour aller plus loin, nous vous recommandons cet excellent article de l'avocat Arnaud Dimeglio et la juriste Séverine Benzimra paru sur Village Justice.
https://goo.gl/9RQYB9

Quelles perspectives pour la Vidéo Participative en Direct?

Le Social Live streaming va-t-il changer notre façon de consommer la télévision? Et demain? Nous en sommes convaincus, la diffusion vidéo en direct est une révolution dans la chaîne de valeur de la communication audiovisuelle, pour les médias et les marques (petites ou grandes). Avec le Social Live streaming, le spectateur est passé d'un rôle passif à celui d'un «*spect-acteur*», témoin d'un contenu en temps réel et acteur de la teneur de son contenu. Le diffuseur est quant à lui un maître de cérémonie, bénéficiant à la fois du pouvoir de celui qui tient la caméra et choisit le thème, et celui d'intégrer la responsabilité de coconstruire le contenu avec son audience. La boucle de rétroaction entre les parties prenantes (diffuseur et spectateur) se joue maintenant en temps réel, à partir de n'importe quel point du monde, avec des spect-acteurs du monde entier. Avec le Social Live streaming, des milliers de chaînes de télévision d'un nouveau genre, interactive et collaborative en temps réel, s'ouvrent chaque jour à partir d'un simple smartphone.

La diffusion en direct, avec interaction des spectateurs-commentateurs, est un exercice complexe par ceux qui n'en ont pas saisi les codes. Cela va de soi, ils n'ont pas encore investi le temps nécessaire pour développer une courbe d'expérience. Ils découvriront le caractère magique et addictif du social streaming. De même, les spectateurs prendront l'habitude de s'exprimer, d'interagir en direct, tout comme ils avaient commencé à le faire avec Twitter via le live-tweet et la #SocialTV. Fort de ce nouveau pouvoir permettant de dialoguer en direct et d'influencer le contenu, le spectateur s'habitue à cette nouvelle liberté d'expression. Ce qui fait aujourd'hui la magie de la télévision se trouve souvent dans les grands carrefours d'audience que constituent notamment les évènements sportifs ou les directs d'information. Pourquoi? Parce que les spectateurs se savent des millions à partager au même instant un même centre d'intérêt et prennent plaisir à se regrouper avec leurs proches autour d'un même écran. Les récentes audiences lors de l'Euro 2016 ou lors des Jeux Olympiques de Rio le confirment. La diffusion participative en direct s'en rapproche avec des audiences qui augmentent et la proximité ressentie par le spectateur grâce à son interaction immédiate avec le contenu. Comme lorsque l'on commente auprès de ses amis le match que l'on est en train de regarder à plusieurs. Avec le Social Live streaming, ce plaisir d'interagir avec l'événement est permanent. Difficile pour le spectateur qui y a goûté de revenir ensuite en arrière avec la télévision traditionnelle qui n'offre pas le même niveau d'interactivité.

Quand on réalise du contenu vidéo en live, se focaliser uniquement sur l'audience est un piège.

Notre conseil pour les créateurs de contenu ? S'en tenir à cette ligne directrice : quand on réalise du contenu vidéo en live, se focaliser sur l'audience uniquement est un piège. Nous l'avons vu avec de multiples exemples dans cet ouvrage, le Social Live streaming change totalement la donne. Il est ici question de vraie stratégie de contenu. La donne a changé, certes, mais pas encore les indicateurs de mesure. Le mètre étalon de la sacro-sainte audience demeure cependant le critère clef alors qu'il est ici inadapté. La mesure quantitative est certes intéressante, mais si vous vous arrêtez sur elle, vous allez passer à côté des vrais sujets : la conversation, l'interaction, la coconstruction. C'est comme lorsqu'on crée une entreprise. Le faire pour gagner d'abord de l'argent est le meilleur moyen de se planter... et de ne pas en gagner du tout. Le vrai KPI (Key Performance Indicator), si l'on devait mesurer un contenu qu'il soit web, vidéo ou livestreaming, c'est de notre point de vue l'e-n-g-a-g-e-m-e-n-t. Et quand on parle de vidéo live, les nouveaux indicateurs devraient être : "De quoi avez-vous parlé ? " "Qu'est-ce que les spectateurs en ont pensé ? ", "Combien de commentaires ? ", "Est-ce qu'il y a eu des avis différents qui ont amené un éclairage intéressant ? ", "Les gens sont restés combien de temps, en moyenne ? ", "Combien de partages ? De likes ou de cœurs ? ", "As-tu gagné de nouveaux abonnés ? ", "As-tu appris quelques choses ? "... Bref des questions orientées sur des résultats qualitatifs avant tout. Ces nouvelles questions serviront de plus en plus de point de référence, de KPI pour qui tente de mesurer le ROI d'un contenu à l'ère de la diffusion en direct sur Periscope, Facebook Live ou YouTube Live.

L'engagement d'abord, l'audience ensuite.

Si le spectacle est bon, si le contenu est bon, l'audience viendra. C'est comme au théâtre. Un bon spectacle trouve son public. Les YouTubers n'ont pas démarré en faisant plusieurs millions de vues. Ils ont d'abord démarré avec un petit cercle de fidèles engagés, puis le cercle s'est élargi et l'audience massive est arrivée. C'est ce qui va se passer avec les nouveaux médias de diffusion en direct.

Ne vous focalisez pas sur l'audience, focalisez-vous sur les personnes.

Une très bonne piste pour faire du *test and learn* question engagement, c'est Periscope. Pourquoi Periscope, alors que l'on peut aussi faire du live conversationnel avec ses fans dans Facebook Live, Instagram live, Snap Live ou via YouTube Live ? Parce que Periscope est probablement l'outil du live le plus exigeant et le plus interactif avec son audience. Parce que l'interaction avec vos spectateurs y est beaucoup plus forte qu'avec les autres outils. Donc, c'est plus exigeant pour le diffuseur et cela vous permet de vous former dans une sacrée école de « *Learning by doing* » pour comprendre les clefs de l'engagement avec votre public. La clef du live conversationnel en vidéo, c'est que le contenu est coconstruit en temps réel avec les personnes qui sont présentes. Ce sont les conversations en temps réel avec ces personnes qui coconstruisent le contenu. Et cela change tout. Ça change toutes les règles de la télévision « *à la papa* ». Ça présente un contenu cocréé en temps réel avec les spectateurs, qui sont, au passage, devenus des spect-acteurs.

Quel avenir pour les médias traditionnels face à cette concurrence d'un nouveau genre, cette nouvelle concurrence qui plus est foisonnante, dont les coûts de production et de diffusion sont marginaux, donc gratuits pour les spectateurs ? La réponse, selon nous, tiendra dans la capacité pour les acteurs établis de revenir sur les fondamentaux de leur cœur de métier, le fameux "Why" (ce à quoi nous servons), pour revisiter les canaux de diffusion (le "How" comment distribuer) de leur offre (le "What", la proposition de valeur). Les vecteurs sont en train de muter. Ils constituent de nouveaux outils à disposition des professionnels des contenus et leur ouvrent de nouveaux champs du possible. À eux de savoir s'en saisir sous peine de se faire distancer sur leurs propres terres par de nouveaux acteurs, agiles et habiles.

Vous allez voir, cela s'annonce déjà passionnant.

Chapitre 2 - Préparer son émission

Les techniques pour savoir quoi raconter : Les 5 étapes du storytelling

Un bon Live est une émission qui va provoquer une émotion à ses spectateurs, car ils vont se sentir concernés. Cette émotion peut-être de la joie, de l'interrogation, de la colère, de l'excitation... Dans tous les cas, il s'agit de ne pas rester inerte devant son écran. Ce qui est montré et raconté doit impliquer les spectateurs de votre live, leur donner envie de regarder encore plus, de ne pas décrocher, et surtout de commenter et d'interagir en direct avec vous !

Pour cela, il est important de construire en amont la trame de son Live et l'histoire que l'on souhaite raconter. Voici 5 étapes pour vous y aider :

1- À qui parlez-vous ?

Certes, faire un Live c'est se faire plaisir. Mais c'est aussi, et surtout, penser à qui vous allez vous adresser. Qui sont-ils ? Des fans, des prospects, des clients ?

Même si n'importe qui peut venir sur votre direct, ceux qui resteront le feront parce que ce que vous leur raconterez qui leur parlera, suscitera leur intérêt et les incitera à interagir.

2 Quelle tonalité ?

Que cherchez vous à déclencher chez votre spectateur ? Des questions ? De l'énervement ? De l'admiration ? De la joie ? De la peine ? Du désir ? En fonction de tout cela, vous allez choisir la manière dont vous allez vous adresser à vos spectateurs verbalement (agressif, complice, neutre...), et ce que vous allez vouloir leur montrer.

3- Les ingrédients de l'histoire

Qu'allez-vous leur montrer ? Des choses très cartésiennes (une démo produit) ou, au contraire, des choses qui vont susciter l'inspiration et l'imagination (une exposition d'art) ? En fonction de cela, vous n'allez pas recevoir les mêmes questions et commentaires.

4- L'histoire :

Qui est le héros (une personne ? un produit ?) et que va-t-il incarner ? Si vous voulez par exemple montrer un artisan aux méthodes rares, c'est donc ce qu'il incarne et ce qu'il va montrer qui va venir titiller l'imagination des spectateurs et provoquer des réactions. Préparez avec lui ce qu'il va pouvoir vous montrer, et déterminez - à l'aune des points précédents - ce que vous allez montrer et ce sur quoi vous allez l'interroger.

5- La morale

Que retirer de tout cela ? De nouvelles idées ? La sensation d'avoir appris des choses ? Un moment rare et précieux ? De la bonne humeur ? Pensez à ce que votre Live doit laisser comme "sensation en bouche" en travaillant la conclusion de celui-ci : évitez de couper brutalement à la fin !

« *Les gens oublieront ce que vous avez dit, ils oublieront ce que vous avez fait, mais n'oublieront jamais ce que vous leur avez fait ressentir.* » Maya Angelou

Une fois ces 5 points mis au clair, vous aurez tous les ingrédients pour déterminer la trame de votre Live, la vision globale de là où vous voulez aller.

La certification de votre compte chez Twitter et Facebook

Twitter et Facebook affichent sur certains comptes un petit symbole bleu qui indique que les pages ou comptes sont certifiés. En clair, ce sont les pages ou comptes officiels d'une marque, d'une entreprise, ou encore d'une personnalité.

Pourquoi demander une validation de votre compte ou page ?

Les clients, partenaires et utilisateurs de ces plateformes auront la certitude qu'ils se trouvent sur le compte officiel de l'entreprise ou de la personne. Sur Twitter, la certification du compte se répercute aussi sur votre compte Periscope.

Simple et rapide

La validation d'un compte Twitter ou d'une page Facebook ne vous demandera que quelques minutes. Chez Twitter, il suffit de remplir un formulaire. Chez Facebook, la validation peut se faire par téléphone ou en transmettant des documents officiels de votre entreprise.

La certification chez Twitter

Pour demander la certification de votre compte Twitter, rendez-vous ici : https://support.twitter.com/articles/20174920. Il ne vous restera plus qu'à remplir le formulaire et le transmettre à Twitter. Notez qu'il y a un délai de quelques semaines avant que vous ne receviez une réponse de la part de Twitter.

Faites vérifier votre Page Facebook

Si votre page est éligible à une validation, vous pourrez obtenir un badge gris. Il apparaît à droite du nom de la page. Pour demander une validation, accédez aux paramètres de votre page. Ensuite, sélectionnez Général - « *Vérification de la page* ». La façon la plus simple de valider votre page consiste à utiliser le numéro de téléphone de votre entreprise. C'est tout simple, vous saisissez le numéro de téléphone de votre entreprise. Un appel automatisé de Facebook vous permettra d'obtenir le code de validation. Une fois que vous aurez saisi ce code, votre page sera validée.

Construire un conducteur

Un conducteur est certainement l'outil le plus précieux que vous devez avoir quand vous faites un live. C'est un listing précis qui décrit par le menu le déroulé de votre émission. Issu du monde de la télévision, il fixe les idées pour tout le monde et vous permet d'avoir une trame de déroulé et surtout un timing précis.

Voici un exemple de conducteur issu d'un live fait avec Orange à l'occasion du lancement de la nouvelle Livebox :

Conducteur ORANGE ON AIR Livebox fibre				
Invités	Damien Douani, Verino			
		min seq	TOTAL	
INTRO	Message de bienvenue : explication du contexte et de la mécanique participative Présentation de l'équipe : Damien + Verino	02:00	02:00	17:32
SEQUENCE 1				
ECOSYSTEME, LA LIBERTE	Présentation de la nouvelle livebox et de son écosystème : design slim, silence, connexion fibre, espace de stockage pour mes contenus, connectivité (super wifi), nouvelle télécommande, qualité d'image, airbox, enregistreur interne (160 ou 450 Go), ADSL + fibre. > focus sur le stockage Cloud + Livebox pour accéder partout à tous ses contenus Disque dur de 1To en sus du Cloud d'Orange (de 10 ou 100Go), 10 sessions possibles pour toute la famille et les amis. On peut y accéder de l'extérieur. APPLI Cloud d'Orange	04:00	06:00	17:36
SEQUENCE 2				

Définissez 5 colonnes :

1. Le quoi : le nom de la séquence
2. Le contenu de la séquence : les points clés incontournables à traiter, et éventuellement la personne qui parlera s'il y a plusieurs porte-paroles.
3. La durée de la séquence en minutes
4. La durée totale du direct : cette colonne agrège au fil des séquences le temps nécessaire en minutes, afin d'avoir au bas du conducteur le minutage total.
5. Le time-code : c'est l'heure qu'il sera au fil du déroulé de votre conducteur. Cela vous permettra de savoir si vous êtes dans les temps uniquement en regardant une horloge (sous réserve que vous ayez commencé à l'heure).

Commencez par définir les séquences qui vont jalonner votre direct, et le contenu de chacune. N'hésitez pas à noter toutes les interventions de type sondage, questions, relances… Vous trouverez de nombreuses stratégies et astuces dans le chapitre suivant. Ensuite, au regard de ce contenu, essayez de minuter raisonnablement. N'hésitez pas à faire des essais "à blanc" pour voir de combien de temps vous avez besoin, et ajoutez un peu de marge afin de pouvoir prendre les questions des spectateurs. Si la séquence est trop longue, découpez-là ! Le secret: un sujet par séquence, pas plus. Une fois le conducteur construit, il vous permettra de communiquer avec l'équipe qui travaillera avec vous (si vous en avez une), ou tout simplement imprimez-le et gardez-le sous les yeux pour y jeter un coup d'œil de temps en temps : c'est le gardien du rythme de votre émission !

Comment préparer la logistique de diffusion

Le conducteur est votre meilleur allié pour structurer votre direct. Mais cela ne suffit pas, reste ensuite à préparer logistiquement votre émission.

Deux cas peuvent se présenter :

- Caméra fixe, une personne face caméra (vous ou votre invité) ou plusieurs personnes dans le champ (l'interviewer et l'invité par exemple).
- Caméra mobile, suivi d'une ou plusieurs personnes. C'est un cas rare, qui nécessite plus de préparation.

Dans les deux cas, avant le tournage :

- Pensez au titre, au #hashtag à utiliser.
- Choisissez l'orientation de la caméra : horizontal ou vertical ? Sur Periscope et Facebook Live, le mode vertical (portrait) permet d'avoir une meilleure lecture des commentaires. Si vous devez être plusieurs dans le champ, mettez-vous en horizontal (paysage).
- Sélectionnez la caméra que vous utiliserez avant le départ du live.
- Préparez vos relances lors de vos interventions, notez-les dans votre conducteur. Rappelez le sujet, qui vous êtes, ce dont on a parlé, le temps restant pour poser des questions…
- Créez des visuels sur un papier, ou sur un écran de tablette à montrer à vos spectateurs pour faire des interstices ou des respirations dans votre émission
- Demandez en amont à des ami (e) s ou influenceurs de venir sur le live afin d'amorcer la pompe de la conversation, pensez à leur donner l'heure de démarrage !

Caméra fixe :

Voici un exemple de poste de diffusion (cette image est extraite d'une des émissions de WeScopeTV, "Le plus grand canapé du monde" animé par Damien Douani) :

1. a minima, la caméra doit être sur un trépied pour la mettre à bonne hauteur, avec un support pour positionner le smartphone. Filmez plutôt avec la caméra de dos, elle est de meilleure qualité (mais ceci implique que vous ayez un retour vidéo, voir le point suivant).
2. si possible, ayez un écran de retour au moyen d'une tablette. Une fois votre live lancé, vous pourrez vous connecter sur votre compte Periscope ou vous rendre sur votre compte Facebook pour voir ce que votre caméra filme, et lire en temps réel les réactions des spectateurs.
3. un ordinateur en complément peut être un bon outil, si vous désirez faire des recherches lors du live, ou utiliser un outil additionnel comme Scoper-chat pour Periscope (reportez-vous à la partie sur Periscope).

4. pensez à avoir une batterie de secours pour votre téléphone, ou bien une multiprise USB pour brancher plusieurs appareils en même temps (tablette, smartphone...). Pensez au fait que les batteries fondent comme neige au soleil !
5. mouchoirs, bouteille d'eau... on ne sait jamais, ça peut servir !

Caméra mobile :

Soit vous filmez à bout de bras ou via un support de type trépied, soit vous allez être filmé par un cadreur. De fait, concentrez-vous surtout sur le chemin que vous allez devoir parcourir, répétez le déplacement avec la personne qui va vous filmer.

Si vous êtes deux, prenez le temps de définir comment vous allez vous positionner l'un par rapport à l'autre, comment vous allez interagir. Si l'on vous filme, n'hésitez pas à avoir une tablette avec vous afin de lire les questions que l'on vous pose en regardant directement la diffusion du live.

Savoir, savoir-faire et savoir-être, les composantes clefs pour réussir une bonne vidéo participative en direct.

Selon nous, un contenu de qualité nécessite le respect de quelques fondamentaux. Ils sont basés sur notre expérience d'utilisation intensive de Periscope depuis le jour de son lancement, en mars 2015, et de nos observations et retours d'expérience sur Facebook Live. Les voici réunis ici pour vous donner le maximum de chances de vivre avec vos abonnés une expérience de qualité, et de leur donner envie de participer et de revenir vous voir.

Le Social Live streaming ne s'improvise pas, il se prépare.

Une des règles principales à notre sens pour réussir un bon broadcast réside dans la préparation. Le direct est une sacrée épreuve "sans filet". Selon nous, la meilleure façon d'improviser, c'est de se préparer. Si vous êtes amené à réaliser une diffusion pour le compte d'une marque, par pitié pour celle-ci et son image, prenez le temps de vous entraîner d'abord sur un compte personnel ou fictif. Sur Facebook, vous pouvez créer une fausse page d'entreprise ou un groupe privé qui vous servira pour vos tests. Periscope et Facebook Live Video, comme tous les outils digitaux, nécessitent de la pratique pour saisir les subtilités d'une interaction en direct et sans filet, et pour vous permettre de gagner en confiance et expérience. Pensez à préparer un conducteur, une trame qui pose le déroulé et les points clefs. Un petit truc : notez avant le démarrage de votre diffusion les 6 ou 7 points clefs de votre intervention. Si quelque chose déraille, lié à un pépin technique ou à des conversations qui vous font perdre le fil, vous n'aurez qu'à jeter un œil rapide sur votre papier pour reprendre le fil.

Les bonnes questions à se poser

Qu'est-ce que je souhaite partager ? Que vais-je montrer ? Comment cela va-t-il se passer ? Où allons-nous diffuser ? Serai-je trahi par la technique ? Comment vais-je maximiser les interactions avec les "spect-acteurs" ?

À bon matériel, on reconnaît le bon artisan

Pas de diffusion vidéo en direct à succès sans de bonnes conditions matérielles. Avant toutes choses, vérifiez vos outils (la qualité de votre débit en 4G ou LTE, la qualité du WIFI... Et pensez aussi à vérifier que le plein est fait sur la batterie de votre téléphone). Petite astuce supplémentaire, pensez à avoir par devers-vous un bout de papier et un crayon. Cela peut paraître fou dans un monde qui se digitalise à vue d'œil, mais un bout de papier et un bout de crayon peuvent sérieusement vous aider à prendre à la volée quelques notes ou à garder sous vos yeux le fil conducteur que vous avez préparé. Et oui, vous êtes un pro, vous avez préparé votre impro.

Comme un mini-ballet, tu répéteras

Vous pensez rester en position assise ou en position debout? Vous pensez vous déplacer? Dans tous les cas, évitez les lieux avec écho, prenez soin de ne pas filmer face à un contre-jour. Si vous effectuez une interview, pensez qu'il va y avoir du monde autour de vous et qu'il vous faudra savoir capter (parfois à la volée) l'attention de la personne que vous allez interviewer. Et si vous retransmettez une conférence de presse, choisissez bien votre place. Et surtout, surtout, prenez un micro-casque pour pouvoir interagir avec vos spectateurs sans déranger les intervenants. Et bien sûr, faites attention aux droits à l'image, ça se vérifie avant, car c'est toujours plus facile qu'après une diffusion live....

Les décors ne sont pas de Roger Harth, ni les costumes de Donald Cardwell

(NDLR : clin d'œil à une génération qui n'est pas née avec un smartphone dans le berceau. Les autres peuvent se renseigner sur Google.).

Une diffusion interactive réussie, c'est comme une pièce de théâtre ... alors soignez le décor (évitez les parasites, le téléphone, les voisins bruyants, évitez les contre-jours et les reflets, les documents secrets ou compromettants, les affiches hors contexte...).

Répétez la scénographie

Si vous faites une démo vérifiez que tout marche bien et ce que ça donnera lorsque vous diffuserez avec votre téléphone. Si vous filmez un objet, attention à l'autofocus. Si vous montrez quelque chose qui est sur quelqu'un, répétez bien avec lui.

Choisissez le titre de votre diffusion.

Si vous êtes sur Periscope, pensez aux 140 caractères de Twitter et aux # qui donneront du référencement à votre diffusion en direct et à sa rediffusion. Et puis n'oubliez pas, en petit clin d'œil à Victor Hugo : « *La forme, c'est le fond qui remonte à la surface.* ».

Avant de démarrer le broadcast, concentrez-vous sur la console

Trouvez un titre accrocheur et cohérent avec votre contenu

Organisez l'interaction

Plus il y a de monde et plus il y aura d'interactions. Incitez donc ceux qui vous suivent en direct à interagir, à vous envoyer des cœurs, à poser des questions, à partager avec leurs abonnés, bref à participer.

Posez et rappelez le contexte de ce que vous faites

- En début de votre scope, n'hésitez pas à expliquer ce que vous allez faire, cela vous permettra d'accueillir les premiers participants.
- Toutes les 5-6 minutes, n'hésitez pas à rappeler ce que vous êtes en train de faire. Vous avez forcément de nouveaux arrivants et c'est un peu comme ce que font les animateurs à la radio : pensez à rappeler ce que

vous avez fait et ce que vous allez faire maintenant. Cela permet aussi de vous redonner du tonus.

Répondez aux questions

- Si vous avez choisi d'utiliser les outils de Social Live streaming, c'est avant tout pour pouvoir converser avec les personnes qui vous suivent. Incitez-les donc à vous poser des questions. Une astuce consiste à noter sur un bout de papier les questions qui ont été déjà posées afin de pouvoir, à un moment donné, y répondre.
- Laissez le temps à vos followers d'écrire leurs questions. N'oubliez pas, vous êtes plus rapide qu'eux parce que vous, vous avez la parole et eux font l'effort d'écrire.

Remerciez, remerciez, remerciez

Remerciez tous les participants, tous ceux qui vous ont posé des questions. N'oubliez pas que vos followers sont les héros, pas vous. Et que la qualité d'une diffusion est en très grande partie liée à la qualité des commentaires et des interactions avec les participants. Donc remerciez-les, pensez à leur donner rendez-vous pour une prochaine émission et incitez-les à vous suivre pour pouvoir être notifiés de vos prochaines diffusions.

Chapitre 3 - Diffuser son live comme un pro

4 stratégies pour maximiser l'impact de vos diffusions

Prévenez votre réseau que vous ferez une diffusion

Quelques heures avant votre émission, publiez un tweet ou un statut Facebook pour annoncer votre diffusion à venir, un peu d'autopromotion ne fait jamais de mal. Ajoutez une image à ce tweet, sans oublier le titre de la diffusion.

Travaillez le titre de votre Live, car c'est ce texte qui sera utilisé pour avertir vos abonnés.

Le titre doit être en lien avec la thématique de votre diffusion. Il est important d'ajouter les mots clés correspondant à l'idée principale de votre diffusion dans le titre. N'oubliez pas que sur Periscope, le titre est aussi le tweet qui interpellera les membres de votre réseau, donc ne faites pas trop long et pensez aux #hashtags !

Utilisez des Hashtags et emojis

Ajoutez à votre titre un ou deux hashtags. Ils vous aideront à promouvoir votre scope et d'être présent dans une ou plusieurs conversations liées aux hashtags que vous aurez utilisés. Vous pouvez aussi ajouter des emojis. Vous rendez ainsi votre titre plus coloré et il se démarquera.

Demandez aux participants de partager la diffusion

Il est possible de partager les diffusions sur Twitter et Facebook. N'hésitez pas à demander aux personnes qui assistent à votre diffusion de la partager sur leurs réseaux respectifs. Cela vous aidera à augmenter votre audience instantanée et à avoir encore plus de commentateurs. Le partage d'une diffusion est simple. Il suffit de tapoter sur l'icône où apparaît le nombre de participants (coin inférieur droit de l'écran) et d'appuyer sur "Partager". Les possibilités sur Periscope sont, jusqu'à présent, un partage sur Twitter, un partage auprès des abonnés sur Periscope, un partage directement dans Facebook ou encore un partage du lien de votre diffusion par mail, messenger ou même SMS si vous le souhaitez !

Le déroulement complet d'une diffusion

Décryptage d'une diffusion

Vous commencez sur Periscope ou Facebook Live ? Cette section du livre vous aidera à mieux comprendre le déroulement complet d'une diffusion.

La première étape : planifiez votre diffusion

Vous utilisez Periscope ou Facebook Live Vidéo dans un contexte professionnel ? Vous devez alors vous préparer et surtout bien planifier votre diffusion. L'une des premières choses à faire sera évidemment d'établir la thématique de votre diffusion. Cet exercice vous permettra ensuite de construire un titre accrocheur.

Une fois que vous avez choisi votre sujet, créez un conducteur. Créez ce document en utilisant un traitement de texte ou tableur ou encore mieux, une application web telle que Trello. Votre conducteur devrait contenir l'ensemble des sujets, questions et éléments que vous aborderez au cours de votre live. Vous trouverez dans cet ouvrage un exemple de conducteur (cf. Chapitre "préparer son émission").

La promotion de votre diffusion

Vous avez choisi le sujet de votre diffusion et créé votre conducteur ? Quelques heures avant de lancer la diffusion, faites-en la promotion.

Contactez par Facebook, Twitter (DM) et même Linkedin vos contacts de premier niveau qui seraient susceptibles de participer à votre diffusion. Cette action vous assurera d'avoir un noyau de participants qui seront sans doute parmi les premiers à partager votre live et à poser des questions. N'oubliez pas de leur indiquer la date, l'heure et la thématique de votre diffusion.

Quelques heures avant votre diffusion, préparez un message que vous publierez sur vos espaces sociaux. La bannière pourrait par exemple inclure le titre de votre diffusion, la date et l'heure de la diffusion.

Astuce : N'hésitez pas à demander de l'aide à vos collègues. Ils pourraient ainsi vous aider à partager, modérer et répondre aux questions des participants.

Vous lancez votre diffusion

N'attendez pas que le premier participant se joigne à votre diffusion pour commencer à vous exprimer. À ce moment précis, pensez surtout à ceux qui regarderont la rediffusion. Donc, souhaitez à tous la bienvenue et présentez-vous. Si vous représentez une marque, parlez-en.

Le sommaire de la diffusion

Après le mot de bienvenue, vous devrez mentionner le sommaire de votre émission.

Posez des questions

N'hésitez pas à poser des questions aux participants. Si vous parlez de votre produit, demandez à vos auditeurs s'ils le connaissent ou l'utilisent déjà...

Invitez les participants à partager votre diffusion

Demandez à ceux qui assistent à votre diffusion de la partager avec leur réseau. C'est là l'une des clés du succès. Elle vous permettra d'être découvert par des personnes qui ne vous connaissent pas et ainsi d'élargir votre portée.

Des cœurs et des likes

Les cœurs sont à Periscope ce que les likes sont à Facebook Live. Ces deux éléments sont des indices d'appréciation. Osez demander aux participants de vous donner des cœurs et Likes. Mentionnez-leur que vous appréciez beaucoup leurs cœurs et/ou likes.

Répétez, répétez, répétez

La plupart des personnes qui assisteront à vos lives seront présentes pour quelques minutes. D'autres se joindront à vous au cours de la diffusion. Il faut donc répéter certaines choses comme les demandes de partages, d'attribution de cœurs, de Likes et les points que vous abordez au cours de la diffusion.

Répondez aux questions

Bien sûr, si vous avez beaucoup de commentaires il vous sera sans doute impossible de répondre à tout le monde. En revanche, vous vous devez d'engager la conversation et de répondre aux questions des participants.

Remerciez les participants

Votre diffusion en direct se termine, n'oubliez pas de remercier les participants avant de terminer.

Les diffusions publiques vs les diffusions privées

Par défaut, les outils de Social Live streaming sont des services qui prennent tout leur sens et leur ampleur dans des diffusions publiques. Diffuser publiquement, c'est prendre la parole devant le plus grand nombre, à la fois des personnes qui s'intéressent à vous (vos followers) et aussi des personnes autres qui vont tomber sur votre live car son sujet les intéresse et/ou parce qu'ils l'ont vu passer sur Twitter ou Facebook.

Voici 14 exemples (il existe autant de cas que de personnes ou de marques) de diffusions publiques :

- Questions / Réponses d'expert
- Faire la démonstration d'un produit ou d'un service
- Contribuer de manière dynamique au lancement d'un produit
- Augmenter la notoriété d'un dirigeant avec une interview exclusive
- Montrer les coulisses d'une usine, d'une chaîne de fabrication
- Organiser un jeu-concours
- Recueillir des avis et commentaires de clients ou prospects
- Diffuser des informations exclusives
- Proposer une promotion exceptionnelle
- Valoriser sa marque employeur (découverte de métiers)
- Partager un moment exceptionnel et VIP
- Dévoiler une nouveauté
- Offrir un accès privilégié à des personnalités
- Amplifier un partenariat

Sachez qu'il y a aussi la possibilité de diffuser en mode privé pour faire un live uniquement à destination de quelques personnes. Pour y parvenir sur Periscope, ces personnes doivent être abonnées à votre compte et vous devez aussi les suivre. Avant de lancer votre diffusion, vous devez sélectionner uniquement les participants que vous souhaitez convier. Dans ce cas, ce n'est pas la visibilité que vous visez, mais une discussion interactive auprès d'un cercle restreint.

Par exemple :

- Une réunion de travail
- Un échange avec des personnes de votre équipe
- Un focus groupe avec des clients test
- Un webinar avec des prospects sélectionnés
- Une formation avec des inscrits
- Un cours donné à des étudiants spécifiques

- Une visite privative d'un lieu...

Sur Facebook, les diffusions lancées depuis une page sont publiques. En revanche, les diffusions créées depuis un profil personnel permettent de régler la portée en fonction des gradients d'intimité que vous souhaitez (Public, amis, amis d'amis ...). Si vous diffusez depuis un groupe privé, uniquement ses membres pourront y assister et participer.

Sur Periscope, il est nécessaire d'être abonné aux comptes Periscope des personnes avec qui vous désirez échanger privativement, et eux aussi doivent être abonnés à votre compte. Une fois cela fait, choisissez de lancer un live privatif, et choisissez les personnes que vous désirez inviter à celui-ci. Ces derniers - et eux seuls - recevront une notification à rejoindre votre scope. Vous pouvez aussi créer un groupe thématique de personnes vers qui vous pourrez diffuser un Live de manière récurrente. Pour tous les autres utilisateurs de Periscope, votre direct et son replay resteront invisibles.

Vous pensez que la diffusion privée a peu d'intérêt ? Détrompez-vous. Le vrai sujet de la diffusion en direct c'est la conversation à propos de ce qui se passe à l'instant présent via le smartphone de diffuseur. Une diffusion privée pour 50, 100 ou 500 collègues a tout autant de sens qu'une diffusion publique, les trolls en moins, le sérieux du contenu en plus. Faites l'essai avec Periscope en privé dans votre boîte et vous verrez que c'est un vecteur puissant de communication interne. Facebook ne s'y est pas trompé d'ailleurs et propose depuis le 24 août 2016 le Live dans Facebook Workplace, la version de Facebook pour les entreprises.

L'interaction, véritable clef du succès

Il n'y a pas de formule magique, juste une méthode en 3 étapes et qui en plus va vous permettre de gagner de façon infaillible de nouveaux abonnés.

1. **Soyez passionné (et passionnant) :** d'abord en faisant un scope dans lequel vous vous présentez tout simplement et parlez d'une chose qui vous passionne (un film, un sport, un hobby, une passion, ou bien un moment exceptionnel auquel vous assistez).
2. **Suivez des comptes et soyez présents :** ensuite, en suivant les nouveaux comptes de votre choix et en interagissant avec eux de manière constructive en assistant à leurs lives. Vous allez ainsi, petit à petit, gagner vous aussi, de nouveaux abonnés.
3. **Soyez réguliers :** enfin, il ne vous restera plus qu'à passer le pas et, à votre tour, diffuser du contenu à partir de Periscope. En cela, il vous faut être régulier : plus vous arriverez à avoir un rendez-vous à jour et/ou horaire identique, plus vous fidéliserez vos spectateurs.

Conseils pour la prise de parole lors d'une diffusion en direct: la méthode S.P.E.A.K.

Vous hésitez à vous lancer et à diffuser votre contenu en live? Vous avez déjà pratiqué, mais êtes déçu par vos premiers résultats? Il existe une méthode simple qui devrait vous permettre de réussir vos diffusions en maximisant l'engagement. Point n'est ici affaire de choix de contenu mais de posture et de méthode (nous faisons confiance à votre imagination, ou vous pouvez vous référer à la section de ce livre qui liste les différents types de contenus). Vous l'avez bien compris, l'une des composantes de base d'une bonne diffusion c'est d'abord le fait de parler. «*To speak*» comme disent nos amis anglo-saxons. Cela tombe bien parce que la méthode que nous allons vous décrire ici s'appelle la méthode S.P.E.A.K. Derrière cet acronyme se cachent les 5 lettres qui vont vous mener au succès.

S pour Sourire

Vous êtes face caméra, souriez. Souriez, vous êtes en train de vous filmer! Un vrai bon sourire va créer une relation bienveillante avec vos spectateurs. Depuis que nous sommes tous petits, grâce aux sourires de nos parents face à notre berceau, nous sommes programmés pour réagir positivement à un sourire. Souriez lorsque vous êtes face à la caméra durant vos diffusions en direct. Vous le verrez, votre sourire est communicatif et constitue le socle d'un échange positif avec votre audience. Vous n'êtes pas face caméra? Souriez quand même. Tous les spécialistes du télémarketing ou animateurs de radio vous le diront: un sourire s'entend.

P pour Plaisir

Un bon live en direct se juge à la qualité des interactions. Et cette qualité d'interaction relève de votre responsabilité. Comme le disait le génial Louis Jouvet, il n'y a pas de mauvais public dans une salle de spectacle, il n'y a que de mauvais acteurs ce soir-là. Donc, c'est à vous de jouer. À vous de jouer votre rôle d'hôte et de maître de cérémonie. À vous de savoir jouer avec votre public pour initier ce petit plus qui fera toute la différence.

E pour Engagement

Savez-vous ce qu'est une diffusion sociale en direct sans commentaire? C'est une banale vidéo sans interaction. Un streaming sans commentaire, c'est comme un film muet. Il est donc de votre responsabilité de créer de la conversation. Les spécialistes du marketing digital appellent cela de l'engagement. Engagez la conversation, posez des questions à votre audience, demandez-leur ce qu'ils en pensent, quel est leur avis, sont-ils d'accord? Pas d'accord? Que veulent-ils que vous fassiez? Vous le verrez, c'est simple. Créer l'engagement revient tout simplement à vous préoccuper de vos spectateurs.

A pour Authentique

En psychologie, l'authenticité c'est ce qui exprime la vérité profonde de l'être. C'est aussi lorsque la tête est capable de mettre les mots justes sur ce que l'on ressent, sur ses émotions. N'essayez pas de jouer un rôle lorsque vous faites une diffusion en direct, les gens s'en rendront vite compte. Soyez donc vous-même, ça sera plus simple pour vous et vos spectateurs apprécieront encore plus le fait que vous ne cherchiez pas à leur faire croire que vous êtes un autre.

K pour "Know yourself "

Dernier point et probablement le plus important. Connaissez vos limites et ce que vous êtes capable de faire. Prenez le temps de poser au fil du temps les choses que vous acceptez de vous permettre durant un live et celles que vous vous interdisez. C'est un petit travail personnel qui a deux vertus. La première est de vous permettre de «*répéter*» les conditions d'un live en vous faisant visualiser ce qui peut s'y passer. La seconde est de vous éviter un dérapage possible, car l'on peut être parfois pris dans l'euphorie d'une diffusion, et poussé par certains commentaires, déraper. Comme dit l'adage inscrit sur l'un des frontons du temple d'Apollon à Delphes : Connais-toi toi-même.

Comment modérer et gérer les trolls : la méthode B.R.I.S.E.

Bien connus des habitués des réseaux sociaux, les trolls sont des individus qui cherchent à créer une controverse, une polémique ou une perturbation pour focaliser l'attention aux dépens des échanges habituels entre les membres d'une communauté. Nul doute que ces spécialistes de la controverse et de la perturbation intentionnelle allaient trouver une nouvelle aire de jeu avec les nouvelles opportunités offertes par les outils de diffusions en direct.

C'est à partir de la rentrée scolaire 2015 que l'on a vu fleurir des commentaires de trolls dans les diffusions en direct sur Periscope puis sur Facebook Live. Eh oui, il y a des trolls dans Facebook!!! Certains avancent à visage découvert avec leur vrai profil et d'autres avancent cachés sous de faux profils. Que se passe-t-il avec les trolls? Le gentil diffuseur peut voir quelques commentaires pour le moins perturbant l'amenant, s'il n'y prend pas garde, à dévier de son sujet. Puis l'on peut voir des commentaires faisant l'apologie d'idées prêtant à de grandes controverses ou de messages répétitifs incitant à suivre tel ou tel compte proposant, ou non, de voir une fille se dénuder. Des propos racistes ou diffamatoires sont ensuite venus s'immiscer dans certains scopes créant une gêne certaine ainsi qu'un profond malaise au sein de la communauté des scopers. Les trolls étaient en train d'envahir Periscope en se faisant le plaisir de venir en meute et de s'attaquer principalement aux femmes. Eh oui, un troll fait preuve de beaucoup de courage comme vous le voyez.

Plusieurs techniques existent pour contrer les commentaires de trolls et nous pouvons les regrouper au sein de la méthode B.R.I.S.E. inventée par PPC.

B pour Bannir ou Bloquer

Première possibilité, mais elle est radicale : bloquer tout simplement le troll si vous êtes le diffuseur. C'est le premier réflexe que vous pouvez adopter (même si nous pensons que ce n'est pas forcément le bon, voir les autres points de la méthode BRISE). Periscope permet notamment de bannir un commentateur malveillant. Il vous suffit de taper sur le commentaire en question, puis de bloquer son utilisateur. Quand vous décidez de bloquer un utilisateur sur Periscope, cet utilisateur ne sera plus capable de vous suivre et de voir vos diffusions, vos commentaires ou même vos cœurs. Vous-même ne serez plus capable de le suivre ou de voir les diffusions de cet utilisateur, ses commentaires ou ses cœurs. Si vous décidiez de changer d'avis, vous pouvez débloquer cet utilisateur à tout moment. Et, pour la petite histoire, cet utilisateur ne recevra pas de notifications lui indiquant que vous l'avez bloqué. Sur Facebook, vous pouvez signaler ce comportement douteux en expliquant à l'équipe de modération les raisons de votre signalisation.

R pour les Renvoyer dans leurs 22 mètres

Les renvoyer dans leurs 22 mètres, mais le risque est de les nourrir. Rappelez-vous, le troll aime la controverse et cherche à mobiliser l'attention donc tout propos nouveau de votre part constitue une sorte d'encouragement à ce que le troll continue de plus belle. Cependant, répondre de manière fine et assez directe à un troll peut parfois suffire à le calmer (mais le taux de réussite reste aléatoire).

I pour les Ignorer

Les ignorer est une technique possible... mais il faudra parfois des nerfs solides et une patience redoutable.

S pour Signaler

Le principe consiste ici à demander à vos spectateurs de vous aider à faire le ménage. Votre public va pouvoir signaler les trolls comme spams (vous ne verrez plus ce commentateur durant cette diffusion) ou les signaler comme commentaires abusifs (Periscope va alors vérifier auprès d'un jury d'autres spectateurs s'ils sont d'accord avec vous. Si c'est le cas, le compte incriminé ne pourra plus intervenir durant cette même diffusion.) N'hésitez donc pas à solliciter votre communauté de spectateurs pour vous aider à faire du nettoyage !

E pour Engager

Et si la bonne technique consistait à retourner l'adversaire ? Le troll est peut-être tout bonnement quelqu'un qui a juste envie de se marrer, de faire déraper un scope. Dans certains cas, un chouette trait d'humour de votre part peut amener le troll à vous trouver sympathique, et alors enlever son masque de troll pour être constructif. Nous l'avons testé, c'est une technique qui marche dans certains cas et qui vous assurera un vrai plaisir, car les rencontres avec des trolls intelligents peuvent être vraiment intéressantes.

La fonctionnalité cachée : la double connexion

Il n'est pas facile de faire son Live, et de devoir gérer les trolls en même temps. Heureusement, Periscope recèle d'une fonctionnalité cachée que nous vous révélons et qui rend la modération très confortable : **la double connexion.**

Il s'agit de vous connecter à votre compte Periscope et de lancer votre scope en direct. Ensuite, connectez-vous à votre live depuis un autre appareil. Vous pouvez utiliser un deuxième smartphone ou une tablette. Vous pouvez aussi utiliser un ordinateur. Assurez-vous d'être connecté à votre compte Twitter et rendez-vous sur votre compte Periscope (periscope.tv/moncompte). Depuis cette seconde connexion, vous allez pouvoir modérer les commentaires, bloquer les trolls, et même répondre par écrit à des questions !

Nous vous conseillons de déléguer cette tâche de modérateur à une deuxième personne afin que vous puissiez vous concentrer sur votre direct.

Les 10 tactiques qui vous permettront d'augmenter l'engagement au cours de vos diffusions

1. Demandez à vos spectateurs d'indiquer où ils se trouvent en ce moment
2. Demandez -leur de choisir l'angle de la caméra
3. Demandez -leur d'indiquer à tous s'ils sont nouveaux et s'ils découvrent votre diffusion
4. Demandez -leur de voter sous forme de commentaires (par exemple tapez 1 dans les commentaires si vous êtes pour, 2 si vous êtes contre ...)
5. Demandez -leur de poser des questions
6. Annoncez que vous allez y répondre un peu plus tard. Cela permet d'augmenter la durée de présence, mais il ne faut pas en abuser au risque de lasser et surtout il vous faudra vraiment traiter le sujet.
7. Répondez précisément aux questions
8. Lancez un concours de like ou de cœurs
9. Demandez-leur de partager le live avec leurs abonnés
10. Demandez leur aussi leur avis sur tel ou tel point

Faire appel à des live-talents

Vous avez entendu parler des blogueurs, des twittos influents, des instagramers, des youtubers, des snapchaters... Voici les live-talents ! Qu'est-ce qu'un live-talent ? C'est une personne qui maîtrise parfaitement les codes et les pratiques de l'animation en social streaming. Si vous êtes une marque et que vous hésitez encore à vous lancer sans filet parce que vous n'avez pas l'expérience nécessaire pour aller dans le grand bain du Live Streaming Participatif, les live-talents peuvent vous aider. Ces personnes, dont vous avez quelques exemples dans la partie "Comptes à suivre" (sans oublier bien sûr les trois auteurs de cet ouvrage, ou bien les animateurs de la chaîne WeScopeTV), ont la capacité de savoir construire un live sur Periscope ou Facebook Live, l'animer, répondre aux commentaires, relancer, orienter les débats... sans perdre le fil ni les objectifs fixés pour le live.

Ces personnes sont rares (il est bien plus facile d'enregistrer une vidéo sur YouTube en faisant plusieurs prises que d'animer un live où aucune erreur n'est permise), et ont chacune leur style. Faire appel à l'une d'elles peut être l'occasion de vous mettre le pied à l'étrier du social streaming en toute sécurité, en vous faisant accompagner sur tout ou partie de votre projet. Un animateur professionnel peut-il être un bon live-talent ? Aussi surprenant que cela puisse paraître, pas forcément. Il ne s'agit de savoir lire des tweets à l'antenne (radio ou télé) pour savoir faire un Live ! Certes, être un professionnel des médias aide à avoir les bons réflexes, le ton adéquat, l'à-propos à fleur de peau. Mais cela ne suffit pas. Il faut une vraie appétence à jouer avec les réactions, les commentaires et les questions en direct qui filent aussi vite qu'une interview. C'est donc peut-être une chance pour une nouvelle génération d'animateurs.

Les paramètres avancés permettant une diffusion professionnelle

Periscope et Facebook Live (de même que YouTube) sont des outils très simples en apparence, mais qui renferment chacun des outils très avancés d'édition professionnelle.

Sans entrer dans les détails des subtilités techniques - ce n'est pas l'objet de cet ouvrage - il est intéressant d'aller jeter un coup d'œil dans les coulisses techniques de ces outils.

Comment intégrer un live dans un site web ou un blog ?

Une fois un live fini, il est possible de l'intégrer dans tout site ou blog, comme une vidéo YouTube. Cela permet de faire vivre plus longtemps, voire indéfiniment, ce moment capté en direct.

Côté Periscope, ça se passe sur Twitter. Et oui, c'est le tweet émis par Periscope lors du lancement de votre live qui "porte" votre vidéo. Pour la récupérer et l'embarquer, il vous suffit de cliquer sur les 3 points sous le tweet, et de choisir "Intégrer le Tweet".

Vous allez ensuite avoir à copier-coller un code un peu abscons qu'il faudra mettre dans le code HTML du site ou du blog où vous désirez faire apparaître la vidéo. À noter qu'aucune possibilité de personnalisation n'est pour l'instant disponible.

Côté Facebook Live, rendez-vous sur la vidéo live que vous désirez diffuser en dehors de Facebook. Cliquez dessus pour l'afficher dans une page à part, et déroulez le menu en haut à droite. Choisissez "Intégrer". Un code apparaît, c'est celui qu'il faudra intégrer dans votre site ou blog.

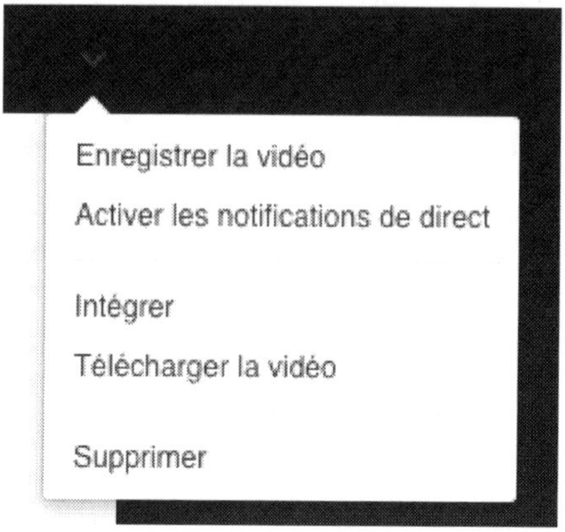

Mais ce n'est pas tout, en cliquant sur "paramètres avancés", vous allez pouvoir choisir la taille de la fenêtre vidéo, conserver ou non le reste du statut Facebook qui accompagne la vidéo, et modifier plein d'autres paramètres qui nécessitent quelques connaissances de code HTML.

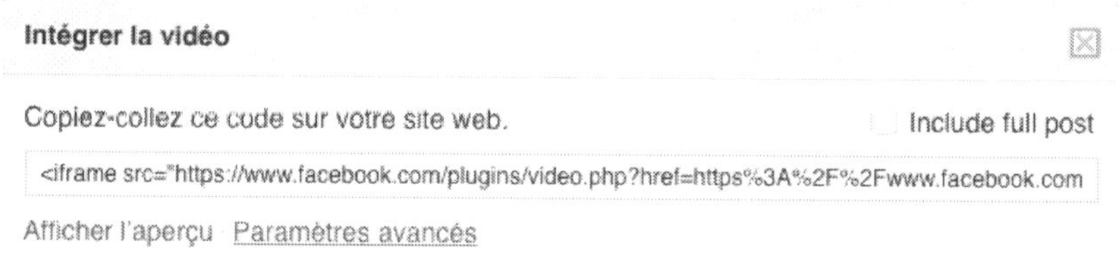

Comment intégrer d'autres flux vidéo et faire de la réalisation ?

La grosse nouveauté consiste en la possibilité d'utiliser des outils de réalisation vidéo légère afin de donner un cachet plus professionnel aux directs produits avec Periscope et Facebook Live.

Parmi les logiciels compatibles, vous trouverez :

- OBS (gratuit Mac / PC)
- Wirecast (Mac / PC)
- Vmix (PC)
- Livestream Studio (PC)
- Air Solo (iOS)
- Switcher (iOS)
- CameraFi Live (Android)

Cela fonctionne de manière similaire sur les deux plateformes :

1. Vous choisissez un outil d'encodage et de réalisation vidéo. Ils sont disponibles sur ordinateur, tablette et/ou téléphone. Il est possible de brancher sur ces outils plusieurs sources vidéo comme des caméras, des vidéos, photos, titrages...
2. Vous récupérez le flux vidéo RTMP[1] qui permet de faire le lien entre l'outil de réalisation et Facebook ou Periscope.
3. Vous diffusez depuis l'outil de réalisation que vous avez choisi, sélectionnant les sources pour changer de caméra, faire apparaître une photo, diffuser un extrait vidéo...

Pour plus de détails techniques et réglages, nous vous conseillons de vous référer à l'aide en ligne de chaque service :

https://goo.gl/vT7LRp

https://goo.gl/tiBlu4

1 Real Time Messaging Protocol (RTMP) est un protocole réseau propriétaire, développé par Adobe Systems, pour la diffusion de flux de données en streaming (audio, vidéo ou autre) entre un serveur et un client, généralement le lecteur Flash. Source Wikipedia.

Live 360

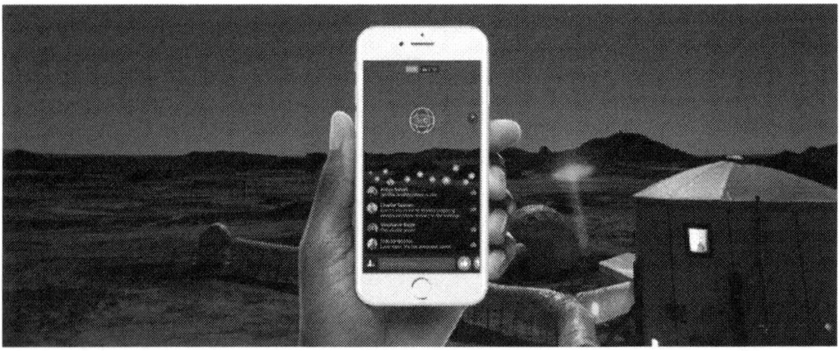

Petit cadeau de Noël 2016, Facebook et Periscope proposent désormais la vidéo conversationnelle en direct et en mode 360 degrés. Bonne nouvelle, ce nouveau mode encore plus immersif permet à chaque spectateur de choisir l'angle de vue en bougeant simplement son mobile dans la direction souhaitée. Vous pouvez désormais regarder un live en mode 360 degrés et bien entendu continuer à commenter et interagir en direct avec le diffuseur.

Côté diffuseur, il vous faudra bien entendu être équipé d'une caméra 360 degrés (Insta 360, Ricoh Theta...) et inventer le format narratif qui permettra de rendre l'expérience de vos spectateurs vraiment spectaculaire. Le champ des possibles est une nouvelle fois ... multiplié.

Côté spectateur, les vidéos live 360 sont indiquées avec un badge spécifique. Ainsi, quand vous voyez une diffusion sur Facebook Live ou sur Periscope, cela signifie que vous pouvez changer de point de vue en bougeant votre téléphone ou sur le web en bougeant votre souris. Et bien entendu, côté Periscope, le live 360 pour les spectateurs fonctionne aussi directement dans Twitter. Magique, non ?

Mesurez l'impact de vos diffusions

La question qui brûle les lèvres : mais quel est donc le retour sur investissement, le fameux ROI, d'un live ? Vous l'aurez noté en consultant les parties dédiées aux statistiques un peu plus loin dans cet ouvrage, il y a une multitude de statistiques disponibles pour vos lives. Comment s'y retrouver dans tous ces chiffres ? Qu'est-ce qui est vraiment pertinent ?

Voici une méthode efficace en trois étapes :

1- L'objectif

Commencez à vous poser LA question : pourquoi faire un live ? Attention, toute réponse du type "parce que c'est la tendance du moment" ou bien "parce que mon concurrent le fait" est à proscrire sauf si vous désirez vous planter ou bien juste en profiter pour faire une mention dans un communiqué de presse.

2- Les retours

Une fois votre ou vos objectifs posés, vous devez définir les retours qui vont vous faire "avancer", ceux qui ont de la valeur par rapport à l'objectif. Par exemple, des verbatims sur un nouveau produit, les questions les plus fréquentes pour un lancement ou une interview exclusive, le nombre d'inscrits pour un concours, des nouveaux visiteurs pour votre site web, des personnes se déclarant intéressées à acheter un produit...

3- Les données

Focalisez-vous sur 3 à 5 données statistiques maximum à choisir, au regard de vos objectifs et retours et qui témoignent de l'engagement effectif de vos spectateurs : la durée de visionnage moyenne au regard de la durée totale du direct (qui permet de voir si votre scope a été captivant), le nombre de manifestations de soutien (cœurs, pouce...), le nombre de questions et/ou de commentaires "constructifs", le nombre de followers ou fans gagnés, le nombre de partages (qui vous indiquera la portée de votre live), la répartition entre les visionnages en direct et en replay, via une application (Periscope, Facebook) ou sur le web...

Mise en place et vidéo 101 : les outils pour réussir vos diffusions

Pour se lancer dans l'aventure du direct, un simple téléphone iPhone ou Android suffit, voire une tablette si vous avez vraiment besoin d'une grande image. Quels sont les outils qui permettent d'améliorer la qualité de vos diffusions ? Voici une liste d'éléments complémentaires que vous pouvez ajouter afin de réussir vos diffusions :

- Un micro-cravate, avec ou sans-fil. À noter la marque iRing qui propose un micro-cravate double, permettant d'en brancher deux sur un même port jack.
- Un micro main, comme ceux vus dans les émissions de télévision. Idéal pour des interviews "à chaud".
- Un micro radio, posé devant vous si vous réalisez votre live face caméra.
- Un trépied afin d'avoir un plan fixe stable pour capter une conférence.
- Une perche type "selfie" ou bien motorisée pour pouvoir filmer en mouvement et avoir un effet de "caméra volante".
- Des objectifs à mettre sur la lentille de la caméra afin d'avoir un angle de vue plus large, ou plus contrasté.
- Un éclairage portable pour pallier le manque de luminosité quand vous filmez en intérieur.

Parmi les marques proposant du bon matériel, nous citerons (sans exhaustivité) iRing, Rode, Shure, Zoom, Manfrotto, DJI Osmo, Lanparte, Feiyu, Olloclip, Gorillapod...

Enfin, si vous désirez donner une "touche" professionnelle à vos vidéos, Periscope et Facebook Live permettent à certains logiciels (OBS, gratuit et open source), Livestream, Wirecast, Air Solo, ffmpeg, VMix...) de se connecter à leurs plateformes afin d'ajouter des titrages, des habillages et d'autres flux d'images fixes ou animées.

Fiche de synthèse : la check-list indispensable en 10 points pour bien préparer son live

1. Utilisez un smartphone récent qui filme en 16/9ème et full HD.
2. Équipez-vous d'un pied ou d'un support portable type steadycam pour stabiliser l'image (le meilleur mais le plus cher : les modèles Gimbal 3 axes).
3. Branchez un micro de bonne qualité sur le port jack ou par Bluetooth pour avoir une prise de son de qualité.
4. Enlevez la coque de protection pour éviter toute surchauffe.
5. Assurez-vous d'une bonne couverture réseau en faisant au préalable un test de débit, pensez à repérer un hotspot WiFi de secours si besoin.
6. Ajouter une batterie extérieure sur votre smartphone pour éviter de tomber en panne sèche en plein direct.
7. N'oubliez pas de mettre un titre explicite avant le direct avec un ou des hashtags (#), et pensez à vous géolocaliser.
8. Faites un renvoi d'appel si vous êtes en 3G ou 4G, ou bien, mettez-vous en mode avion et connectez-vous en WiFi. Cela évitera de voir votre livestream coupé si quelqu'un vous téléphone.
9. Désactivez les notifications.
10. Faites un test d'émission en mode privé pour vérifier la fluidité des images et la qualité du son.

Chapitre 4 – Zoom sur Facebook Live

Les grandes ambitions de Facebook Live

Facebook Live a été lancé en grande pompe par Mark Zuckerberg avec une ambition claire : battre YouTube et Twitter sur le marché naissant de la vidéo en direct.

Bien qu'accessible à tout le monde, Facebook Live envisage de pleinement tirer parti de son milliard et demi de membres pour permettre aux marques et personnalités d'avoir une exposition inédite. Par la mécanique du reach (portée), Facebook a la pleine main sur l'audience qui peut être alertée de votre live, et donc "pousser" à sa guise sa nouvelle fonctionnalité.

Facebook envisage aussi de devenir à terme votre nouvelle télévision : pour cela, des centaines d'accords ont été passés avec des fournisseurs de contenus (chaînes de télévision, marques...) afin de fournir des contenus live.

Si vous avez une page Facebook, le Live est un outil d'animation innovant qui va vite vous devenir indispensable. En revanche, à la différence de Periscope qui mise sur la conversation en direct, Facebook Live rend celle-ci plus optionnelle. Les commentaires sont bien présents pendant et après le direct, mais n'apparaissent pas sur l'image même. Positionnés en dessous, ils deviennent presque optionnels, ce qui ferait presque oublier que l'ambition est, non pas de simplement de diffuser une vidéo en direct, mais de créer une vraie interaction avec les spectateurs. Nous y reviendrons dans le chapitre "la diffusion de votre live".

Facebook Live Video vs. Facebook Mentions

Facebook possède deux services de diffusion en direct. Le premier se nomme Mention, le second Live Video. Quelles sont les principales différences entre ces deux services ? Lequel devriez-vous utiliser ?

Facebook Mentions

Débutons avec Facebook Mentions. C'est une application mobile destinée aux personnalités publiques comme des artistes, acteurs, chanteurs, politiciens. Bref, toute personne ou entreprise qui possède un compte vérifié (badge bleu). Mentions est utilisée pour faire des diffusions en direct sur le réseau Facebook. Mais cette application va au-delà de la diffusion en direct. Les personnalités publiques peuvent l'utiliser pour suivre ce que disent les fans à leur sujet, publier des mises à jour de statuts et afficher l'actualité tendance sur le réseau. C'est somme toute une application professionnelle qui offre des fonctionnalités de type tableau de bord.

Facebook Live Video

De son côté, Facebook Live Video est l'application de diffusion vidéo grand public, pour les entreprises et les marques présentes sur Facebook. Contrairement à Mentions, Live Video est complètement intégrée aux applications mobiles et Web de Facebook. Les utilisateurs lancent une nouvelle diffusion depuis l'espace de mise à jour de statut de l'application mobile iOS ou Android. Les marques peuvent lancer une diffusion vidéo depuis l'application mobile Pages, mais aussi depuis le Web. Enfin, il est possible de créer une diffusion depuis l'application Groups.

L'interface et les fonctionnalités

Facebook Live Video a été intégré aux profils personnels, aux groupes et aux Pages professionnelles. Pour le diffuseur, l'interface de Facebook Live Video est toute simple et offre peu de fonctionnalités. Ce qui pourrait sembler une « *lacune* » est, à notre sens, une force. Elle permet au diffuseur de se concentrer sur son message, son conducteur et surtout l'interaction avec les personnes qui assistent à la diffusion.

Quels appareils et applications de Facebook utiliser pour créer une diffusion ?

Pour l'heure, vous pouvez utiliser les versions iOS et Android de Facebook. Vous pouvez aussi utiliser l'application mobile Groups. Récemment, Facebook a étendu la création de diffusions en direct aux ordinateurs de table ou portables. Les diffusions destinées aux groupes peuvent être lancées depuis l'application Groups. Pour les Lives, nous vous suggérons plutôt d'utiliser l'application mère iOS ou Android de Facebook. Les Lives destinés aux Groupes y sont beaucoup plus stables. De leur côté, les administrateurs de Pages utilisent les versions mobiles (iOS, Android) de l'application Pages. Si votre entreprise ou organisation utilise le Business Manager de Facebook, l'utilisation de l'application Page est impératif. Il sera impossible de lancer un live sur une Page depuis l'application mère de Facebook.

Comment lancer une diffusion sur Facebook Live Video ?

C'est tout simple, les diffusions sont créées et lancées depuis une mise à jour de statut. Que vous utilisiez l'application mère de Facebook, l'application Groups ou Pages, la technique est toujours la même.

- Appuyez sur « exprimez-vous » (profil personnel), « Écrire quelque chose » (Groupes) ou l'icône « Publier » (Pages). Cette action ouvre l'espace de mise à jour de statut.
- Rédiger le texte de votre mise à jour. Attention, il s'agit ici du titre de votre diffusion. Donc, trouvez une formule qui attirera l'attention.
- Si votre diffusion est en lien avec un article ou un produit présent sur votre site Web, vous pouvez aussi ajouter un lien URL qui pointe vers ce contenu.
- L'étape suivante consiste à créer votre diffusion. Parmi les différentes options qui vous sont proposées au bas de l'écran, sélectionnez « vidéo en direct ».
- Il ne vous restera plus qu'à appuyer sur le bouton « Diffuser en direct » pour démarrer votre live.
- Pour mettre fin à votre diffusion, appuyez sur le bouton « Terminer ». Vous le trouverez dans le coin inférieur droit de l'écran.
- Depuis la version Web de Facebook, dans les options de publications, sélectionnez "Démarrer une vidéo en direct".

L'interface de Facebook Live Video - version diffuseur

Au cours d'un Live, le diffuseur a accès à quelques informations et fonctionnalités. Vous trouverez le libellé «*En direct*» qui témoigne que votre diffusion est active, le nombre de personnes présentes dans le direct et les commentaires.

Bien entendu, le diffuseur peut basculer de la caméra avant à la caméra arrière en appuyant sur l'icône qui se trouve dans le coin supérieur droit de l'écran.

Le diffuseur peut aussi appliquer quelques filtres, des masques et dessiner sur l'écran. Il suffit de sélectionner la baguette magique dans le coin supérieur droit de l'écran.

Live Video propose 5 filtres. Il est possible de les appliquer et de les modifier au cours d'une diffusion. La fonctionnalité doodle est plus intéressante. Vous pouvez utiliser cet outil pour griffonner à l'écran. Et en permanence, vous pouvez effacer votre doodle. Appuyez sur le X qui s'affiche dans le coin supérieur gauche de l'écran pour revenir à la fenêtre de diffusion.

L'interface de Facebook Live Video - version spectateur

Les interactions possibles sont de trois ordres :

- écrire un commentaire
- aimer un commentaire
- poster une icône de sentiment (cœur, rire, pleurs...) : à la différence d'un "like" classique, il est ici possible de cliquer autant de fois que l'on veut sur ces icônes présentes en bas de l'écran à côté de la zone de commentaire. Cela va créer une sorte de "nuage" d'icônes qui va apparaître au fil de la vidéo, au moment où vous aurez cliqué dessus. Cela permet de marquer l'intérêt que l'on porte à celle-ci à un moment donné.

À noter qu'il est possible de commenter un Live sur Facebook après sa diffusion. Les commentaires qui auront été faits en direct auront un point rouge, les autres n'auront aucune marque distinctive.

Trouver un Facebook Live

Dans la colonne de gauche, cherchez "Vidéos en direct" : vous allez tomber sur une carte du monde qui va vous permettre de trouver les émissions diffusées à ce moment-là.

Baladez-vous un peu partout pour trouver une émission qui vous plaît !

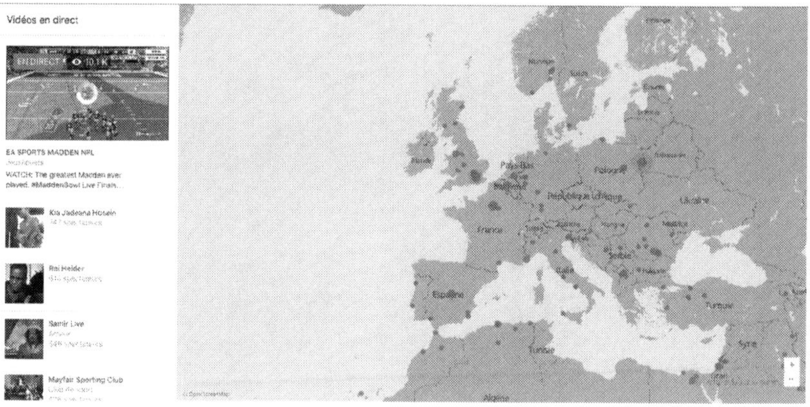

Les fonctions avancées cachées

Facebook Live recèle des fonctions avancées cachées très puissantes. En voici quelques-unes et comment en tirer parti : rendez-vous dans le menu "outils de publication" d'une page dont vous êtes l'administrateur. Puis sélectionnez Vidéo dans la colonne de gauche, en enfin cliquez sur "+ en direct" en haut à droite. Une fenêtre s'ouvre : ce sont tous les paramètres avancés que vous allez pouvoir appliquer à votre Live.

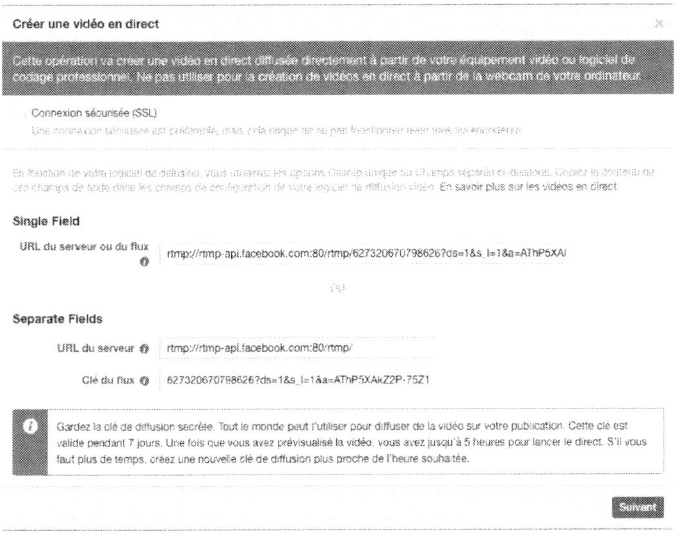

Une fois sur cet écran, vous avez accès à l'adresse du serveur qui va vous permettre de connecter un logiciel de régie vidéo (voir la partie "Comment intégrer d'autres flux vidéo et faire de la réalisation ?") pour faire de la réalisation avec des titrages, des effets spéciaux…

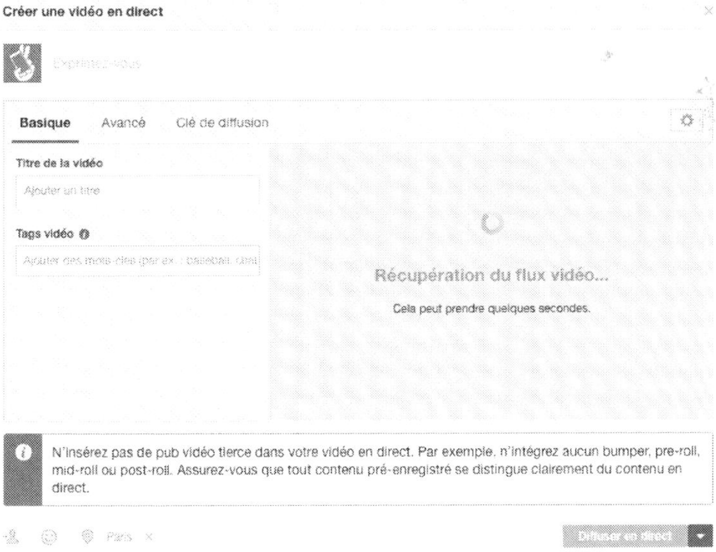

Préparez ensuite votre live ! N'oubliez pas les mots clés de référencement, et si vous le désirez, sa localisation, les personnes qui y apparaissent et l'humeur associée.

Dans l'onglet avancé, l'option la plus intéressante est celle permettant la dépublication de la vidéo une fois le live fini : idéal pour rendre sa diffusion éphémère !

En haut à droite, la roue crantée permet d'obtenir l'adresse permettant d'intégrer le Live dans une page Web avant qu'il ne soit lancé : idéal pour insérer la fenêtre de diffusion dans tout endroit autre que Facebook !

Enfin, en bas à droite, cliquez sur la flèche vers le bas : vous allez pouvoir programmer à l'avance votre direct !

Vous pouvez ici programmer la date exacte de démarrage de votre Live, et annoncer à l'avance le direct par un visuel standard ou créé par vos soins. Dernier "raffinement" : les spectateurs peuvent volontairement demander à recevoir un rappel, ce qui peut permettre de contourner les problèmes de "portée" (reach).

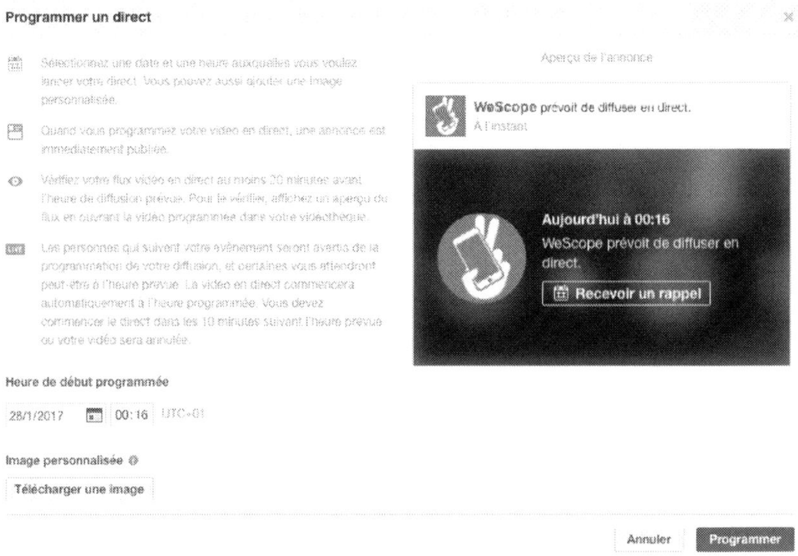

Comment augmenter la portée de vos diffusions Facebook Live ?

Vous attirerez sans doute moins de personnes au cours de vos diffusions en direct sur Facebook Live Video que sur Periscope. En revanche, la portée organique des rediffusions (le nombre de personnes que vous pouvez toucher gratuitement sur Facebook en publiant sur votre Page ou votre Compte) sera sans doute supérieure sur Live Video.

Prévenez votre réseau

Cette règle s'applique à tous les systèmes de diffusion en direct. Vous devez prévenir votre réseau que vous ferez un Live. Faites une publication qui intègre une image. Évidemment, n'oubliez pas d'ajouter la date et l'heure de votre diffusion.

Rédigez un titre qui captera l'attention

Le titre de votre diffusion est important. N'hésitez pas à utiliser un titre qui captera l'attention de vos participants. N'hésitez pas à utiliser un #hashtag.

Abonnement à vos notifications de vidéos en direct

Demander à vos participants de s'abonner à vos notifications de vidéos en direct. C'est tout simple, sur votre page Facebook, il suffit que les participants appuient sur le bouton qui se nomme «*S'abonner*». Ils seront avisés à chaque fois que vous démarrez un live.

Demandez à vos participants de commenter

Sur Facebook plus vous avez d'engagements sur la publication de votre diffusion, meilleure sera votre portée organique. Donc, engagez la conversation avec vos participants, posez des questions et surtout répondez aux questions ou commentaires. Une fois que la diffusion est terminée, continuez à entretenir la conversation sur la publication de votre diffusion.

Après la diffusion, bonifiez la description de votre diffusion

Facebook vous permet de modifier vos publications une fois qu'elles ont été publiées. Utilisez cette fonctionnalité pour ajouter de l'information et du contexte à la publication de la diffusion que vous venez de terminer. Si votre diffusion se réfère à une page de votre site Web, ajoutez l'URL de cette page.

Les statistiques de visionnage

Les statistiques de visionnage sur Facebook Live Video sont nombreuses. En fait, les diffusions Live Video ont été complètement intégrées à l'outil statistique des Pages Facebook.

Pour accéder à l'espace Statistiques de votre page, sélectionnez l'onglet « *Statistiques* ». Ensuite, sur la colonne de gauche, choisissez l'onglet « *Vidéos* ».

Les administrateurs de pages ont non seulement accès aux statistiques de la vidéo, mais aussi à ceux de la publication qui intègre la vidéo. Appuyez sur le titre de l'une de vos vidéos pour accéder aux statistiques détaillées.

Sous l'onglet statistiques vidéos, vous trouverez le nombre d'utilisateurs atteints, le nombre de visionnements, la durée moyenne de visionnage ainsi que des informations démographiques sur l'audience.

De son côté, l'onglet Publication affiche des statistiques concernant l'engagement. Le nombre de J'aime, de partages et les clics sur la publication. Bref, les statistiques que vous trouverez sur toutes les publications Facebook.

Les marques et les célébrités : exemples d'utilisations de Facebook Live Video

L'une des forces de Facebook Live Video réside dans l'intégration de ce service de diffusion aux Pages, profil personnel et groupes. Une fois terminées, les diffusions deviennent une publication vidéo. Il est important de mentionner que les Live Vidéos ont une excellente portée et peuvent être embarquées sur un site Web. De plus, il est possible d'associer un budget publicitaire aux diffusions créées depuis une Page. Ce qui augmente sensiblement leur portée. Plusieurs personnalités, célébrités et marques utilisent Facebook Live Video. Voici, à titre d'exemple, quelques diffuseurs connus qui attirent parfois des millions de fans.

L'usage par les marques

BuzzFeed et Subaru

Le site BuzzFeed est passé maître dans l'art de maximiser les retombées et surtout de monétiser sa présence sur Facebook. L'une de ses dernières opérations a été faite conjointement avec Subaru.

Début 2016, Subaru a lancé une campagne qui se nommait « *Make a Dog's Day* ». Les créatifs chez BuzzFeed ont eu l'idée de pousser cette campagne sur l'une des pages Facebook qui se nomme « *BuzzFeed Animals* ».

L'idée était simple, elle consistait à créer un Live Video qui présentait des chiots dans différentes situations. Nous les apercevions dans la boue et dans l'eau. Le tout présenté par le partenaire Subaru.

Sans avoir le succès escompté (environ 200 000 vues), cette expérience démontre le potentiel de monétisation que représentent les diffusions en direct. Ces diffusions ne sont pas réellement des publicités, mais elles évoquent et respectent la thématique d'une campagne publicitaire.

Orange et le lancement de la Livebox 4

Pour la sortie de sa nouvelle box - un moment majeur pour un opérateur télécom - Orange a eu l'idée de constituer un tandem Geek / Comique afin de rendre la découverte plus ludique. L'enjeu était de répondre à toutes les questions possibles en se focalisant sur les usages et non sur le jargon technologique. Les deux animateurs "décodaient" chacun selon son style les réponses données par les coaches d'Orange, afin de créer une complicité et une proximité avec le public, une des valeurs phares de la marque.

Adidas Women

Le live peut aussi être l'occasion de prolonger un évènement international. Ainsi, pour célébrer la journée internationale du yoga, Adidas a fait appel à Adriene Mishler, célèbre professeur de yoga américaine, pour une session exceptionnelle en direct sur le toit d'un immeuble de New-York.

L'usage par les célébrités

Donald Trump

Inutile de présenter le personnage. Trump utilise depuis longtemps, avec un énorme succès, des plateformes comme Twitter et Facebook. Malgré une présence très forte sur Twitter (plus de 12 millions d'abonnés), Donald Trump concentre ses efforts de diffusion en direct sur Facebook Live Video.

Facebook Live Video est devenue au printemps 2016 la chaîne de diffusion officielle du candidat Donald Trump. Ses discours, présentations et interventions y étaient souvent diffusés en primeur avant son élection.

Lors du troisième débat présidentiel, Donald Trump a utilisé Live Video. Son équipe a créé un Live qui empruntait un style de diffusion similaire à ceux que l'on retrouve sur les grands réseaux d'information traditionnels avec animateur, analystes et invités. Évidemment, toutes ces analyses ne présentaient que le point de vue de Donald Trump.

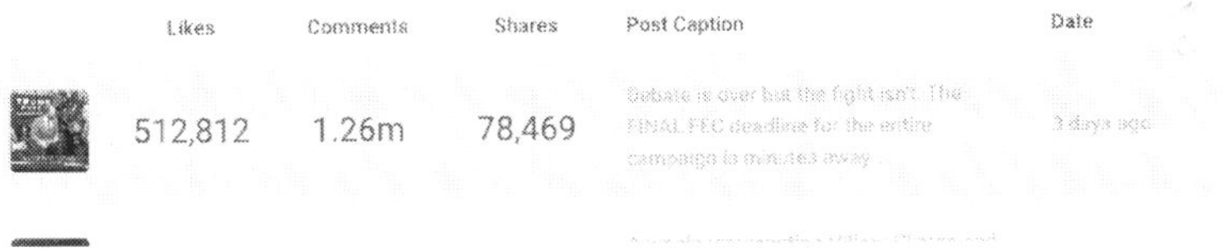

Ce type de format semble très bien fonctionner. Cette diffusion de Donald Trump a attiré plus de 100 000 personnes en direct. Quatre jours après la diffusion, plus de 9 millions de personnes avaient vu cette vidéo et 1,26 million de commentaires y étaient associés.

Martha Stewart

Martha Stewart, la star de la télévision américaine diffuse depuis plusieurs mois sur Facebook Live Video. Depuis son espace Facebook, Martha Stewart présente des recettes tout en répondant aux questions des téléspectateurs sur ses techniques de travail en cuisine.

Facebook interdit la publicité au cours des diffusions en direct. Cependant, les diffuseurs peuvent intégrer des « *placements* » de produits dans leurs vidéos et Martha Stewart monétise ses diffusions de cette façon. Concrètement, ses productions Live Video intègrent des produits qu'elle utilise dans ses recettes, ses ustensiles de cuisine portant sa griffe et des codes rabais applicables sur les produits qu'elles représentent apparaissent au cours des diffusions.

Ses diffusions qui ont régulièrement plus de 200 000 vues deviennent clairement un nouveau moyen de vendre des produits tout en proposant du contenu à valeur ajoutée.

The Metropolitan Museum of Art de New-York

Le MET est une célébrité à lui seul. Il s'est lancé, début avril 2016, dans la découverte de ses collections via des visites guidées faites par leurs conférenciers et commissaires d'expositions. Découvrez en live les dernières acquisitions du musée et ses nouvelles expositions.

L'usage par les médias

Facebook annonce que de nombreux médias ont signé pour émettre en live sur sa plateforme. Mais, pour l'instant, les formats originaux se font encore rares. En voici cependant trois qui selon nous tirent leur épingle du jeu :

#flashtalk de France Ô et LCP

Émission citoyenne et connectée, #flashtalk est un débat qui mobilise experts et gens du quotidien autour d'un sujet de société : nucléaire, malbouffe, écologie, féminisme… Durant le tournage, tout un chacun peut prendre la parole, et les réseaux sociaux donnent de la voix via Facebook (Live et Messenger) : le tournage est retransmis sans montage afin d'immerger les internautes au plus proche des échanges, et les questions posées via les commentaires sur le Live sont retransmises à l'animateur Raphal Yem qui se charge de les poser aux invités.

Brutus sur France 24

Brutus est une émission apparue lors des primaires de la Présidentielle 2017. Elle ambitionne de reconnecter les politiques avec les Français grâce à un dispositif "sans filtre" : une trentaine de citoyens en face à face avec le candidat et une diffusion sur Facebook Live ouverte aux commentaires et questions, dont certaines sont posées lors de l'émission.

Football Friday Live par Joe Media

Joe Media est un éditeur de contenus autour du sport, et notamment du football (www.joe.co.uk). Ils ont lancé un format de type "magazine télé" dédié au ballon rond et au championnat anglais, en intégrant au plus près les réactions des fans : prise de commentaires, possibilité de voter via les émoticônes Facebook...

Brut.

Brut est une plateforme digitale d'informations lancée par Renaud le Van Kim, ancien producteur du grand journal notamment. Elle utilise Facebook Live pour relater des événements en direct et faire des interviews participatives. C'est Remy Buisine (dont vous pouvez trouver le témoignage dans cet ouvrage) qui réalise ces directs.

Les usages émergents

Les cours d'un professeur spécialiste du droit des affaires diffusés en live sur Facebook

Bruno Dondero est vraiment un professeur atypique. Depuis septembre 2016, cet enseignant diffuse en live ses cours de droit des affaires en direct de son amphi de Paris-I-Panthéon-Sorbonne directement sur Facebook. L'intérêt? Permettre aux élèves qui ne pourraient se rendre à l'amphi de suivre le cours, et à ceux qui le souhaitent de voir le replay. Résultats ? L'audience de son cours dépasse les frontières de l'amphi et certains de ses Lives comptent même plus de 23.000 visionnages !

National Geographic

Spécialiste des contenus créatifs de qualité et des belles images, la marque National Geographic s'est illustrée en étant la première à utiliser le Live 360 sur Facebook. L'idée ? Faire vivre aux spectateurs une expérience immersive avec 7 scientifiques spécialistes de l'espace qui ont vécu pendant 80 jours dans les conditions qui se rapprochent de celle que l'on retrouve sur la planète Mars.

Au programme de ce contenu original et 360 degrés ? Les scientifiques ont emmené le public dans les coulisses pour explorer leurs quartiers d'habitation, leur ont montré les costumes spatiaux avec lesquels ils étaient habillés pendant l'expérience. Les spectateurs ont aussi pu poser des questions et même faire un tour en rover à travers le paysage martien simulé. Nul doute dans notre esprit que d'autres marques sauront créer des contenus immersifs pour profiter pleinement du 360 degrés en live.

Chapitre 5 - Zoom sur Periscope

Periscope, l'entreprise

Et si, pour mieux comprendre le futur, nous revenions un tout petit peu en arrière, en janvier 2015 ?

Lancée par Kayvon Beykpour et Joe Bernstein en 2014, rachetée par Twitter en 2015, l'entreprise Periscope est aujourd'hui (lors de l'écriture de ces lignes) composée de "seulement" une cinquantaine de personnes, dont les visages sont visibles sur le site internet www.periscope.tv.

Le destin de Periscope est intimement lié à Twitter, dont elle épouse la vision : "savoir ce qui se passe, immédiatement". Pour autant, elle en est une filiale qui poursuit son propre développement, en harmonie avec sa maison mère.

Pour preuve, les locaux de Periscope sont restés, pendant plus d'un an et demi, volontairement à quelques blocs des locaux du siège de Twitter à San Francisco afin de permettre à l'encore toute jeune start-up de bénéficier du meilleur de l'écosystème Twitter, tout en conservant son âme et l'énergie d'une petite entreprise agile. L'environnement de travail chez Periscope est fort différent de chez Twitter. Dans ses locaux historiques, les murs sont de brique rouge, il y a de grands plans de travail et l'ambiance reste celle d'une start-up où l'équipe était regroupée sur un même plateau de manière à faciliter les échanges au quotidien. À l'été 2016, changement de lieu : la team Periscope s'est étoffée, déménage et rejoint finalement le siège de Twitter.

Emmenée d'une main habile par son jeune CEO (Kayvon Beykpour a moins de 30 ans), Periscope tire son succès de son approche résolument orientée sur la qualité de l'expérience utilisateur. L'équipe de designer, dont le talentueux Tyler Hansen, est au cœur même de tous les développements. Chaque nouvelle fonctionnalité, imaginée en fonction des retours des utilisateurs, est proposée en test à quelques milliers de bêta-testeurs, avant d'être ensuite diffusée au grand public quand les tests sont concluants.

Cette passion du client et cette volonté de répondre au plus près à ses attentes font partie de l'ADN de Periscope. Il n'y a pas une semaine sans qu'un des collaborateurs de Periscope (y compris son CEO) n'engage une conversation avec les utilisateurs. Et ça se passe bien sûr, via Periscope, afin de permettre un maximum d'échanges et d'interactions.

Rencontre avec Kayvon Beykpour, CEO et co-fondateur de Periscope

Extraits de l'interview réalisée par PPC lors de la conférence de presse donnée à Paris par Kayvon Beykpour le 23 mars 2016

PPC : Bienvenue à Paris, Kayvon. Pour faire simple, qu'est-ce que Periscope ?

Kayvon Beykpour : Nous avons réfléchi à la façon la plus simple pour les gens de pouvoir voir de la diffusion vidéo en direct. Beaucoup d'entre vous sont familiers avec ce qu'est la diffusion en direct lorsque vous êtes dans votre canapé à la maison en train de regarder la télévision. Depuis des dizaines d'années, les gens ont l'habitude de regarder quelque chose en direct. Nous nous sommes intéressés au fait de donner cette même possibilité à toutes les personnes qui ont un téléphone dans leur poche. Nous avons tous un téléphone dans notre poche qui dispose d'une caméra et d'une connexion à internet.

Nous avons pensé que cela serait vraiment puissant si nous mettions plusieurs choses à disposition.

D'abord nous souhaitions que chaque personne qui a un téléphone puisse l'utiliser pour être en direct en diffusant son point de vue et que n'importe qui dans le monde puisse regarder.

Ensuite, nous avons pensé à l'interaction. Quand vous regardez la télévision en direct, vous êtes passif. Vous regardez l'animateur ou le commentateur, et c'est une expérience qui n'est que dans un seul sens. Vous ne pouvez pas agir sur ce que vous voyez, vous êtes juste en train de regarder. Avec Periscope, nous avons pensé que cela serait formidable de créer une expérience qui soit bidirectionnelle. C'est pour cela que les spectateurs sur Periscope peuvent interagir avec le diffuseur. Ils peuvent dire « *Hey, montre-nous la Tour Eiffel* » et une seconde plus tard le broadcaster tourne son téléphone et montre la Tour Eiffel. Le spectateur peut poser une question et avoir une réponse. Et là, nous avons pensé que la magie de Periscope serait de permettre des interactions entre les spectateurs et le diffuseur.

PPC : Toutes les start-up ont une histoire avec leur garage. Et si on parlait du garage de Periscope ? Où avez-vous eu l'idée ? Pourquoi avez-vous créé Periscope et comment ?

KB : Avec Joe Bernstein, mon meilleur ami qui est aussi le cofondateur de Periscope, nous avons créé plusieurs entreprises ensemble et nous voulions en créer une nouvelle. À cette époque, nous voyagions beaucoup et nous envisagions d'aller en Turquie. J'avais déjà pris mon billet d'avion pour Istanbul lorsque des événements ont éclaté en Turquie. Nous étions en 2013, et il y avait des manifestations de protestation sur la place Taksim à Istanbul. Je me rappelle m'être demandé si c'était suffisamment sûr pour moi d'y aller. Je regardais CNN, NBC et même Twitter pour voir des photos ou des vidéos de ces violences dans les rues et de scènes de chaos. Ma mère n'était pas très à l'aise pour que je fasse ce voyage. Je me rappelle avoir dit à Joe : qu'est-ce qui se passerait si je pouvais voir à l'instant même ce qui se passe dans la rue depuis mon hôtel à Istanbul ? Si je pouvais voir une photo ou une vidéo de ce qui s'y passe vraiment en ce moment même, j'aurais la réponse si c'est dangereux d'y aller ou si le quartier est sûr. Avec Joe, nous nous sommes dit qu'il y avait des milliers de personnes qui traversent ce quartier chaque jour, qui ont un smartphone dans leur poche avec une connexion internet. Est-ce qu'il y aurait un moyen pour moi de voir ce qu'ils voient ? C'est l'idée d'origine de Periscope, nous voulions créer un périscope virtuel pour voir le Monde. Nous pourrions voir avec les yeux des personnes qui se trouvent quelque part dans le monde. Un périscope où l'on peut voir avec leurs yeux et où l'on peut guider leur regard. C'est comme ça que ça a démarré.

PPC : Comment était la toute première version de Periscope ? Et qu'est-ce qui est différent maintenant ?

K.B. : Sur la toute première version de Periscope, nous nous sommes d'abord concentrés sur le fait que la vidéo fonctionne. Ce n'était pas facile de réaliser une diffusion en direct sans latence parce que nous voulions du véritable temps réel. La télévision en direct a une latence d'environ soixante secondes. C'est acceptable pour la télévision parce qu'il n'y a pas d'interaction avec les spectateurs. Mais si les spectateurs peuvent interagir en direct avec le diffuseur alors il ne doit pas y avoir de temps de latence. Ensuite nous nous sommes concentrés sur l'expérience utilisateur pour rendre l'expérience agréable pour le diffuseur. C'est pour cela que nous avons ajouté les cœurs et les commentaires. L'objectif des cœurs est d'apporter au diffuseur une interface utilisateur ayant du charme. Si vous trouvez l'expérience de diffusion en direct agréable, alors vous n'avez pas d'inquiétude à être en direct et n'hésitez pas à diffuser du contenu.

PPC : Combien de versions avez-vous réalisées avant le lancement public ?

K.B. : Des centaines ! Chaque fois que vous changez une ligne de code, vous êtes sur une nouvelle version. Nous avons eu des centaines de versions que nous avons données en test à des membres de notre famille, à des amis, à des amis d'amis pour tester Periscope en petits groupes de 30 voire 50 personnes.

PPC : Peux-tu nous dire pourquoi le Social Live streaming est si important pour les gens et plus concrètement quel est le pouvoir du live ?

K.B. : Le pouvoir du live, c'est que vous savez que ce que vous voyez est en train de se passer maintenant. Ce n'est pas filtré, ce n'est pas édité, ce n'est pas instrumentalisé. C'est un concept fondamentalement très puissant et encore plus quand vous regardez un événement spectaculaire qui fera la une des journaux ensuite. Les gens veulent voir des choses authentiques. Et particulièrement lorsque vous regardez en temps réel quelque chose qui est en train de se passer en ce moment même, quelque part dans le monde. Ce que l'on aime avec Periscope, c'est que le monde paraît tout à la fois très grand et très proche en même temps. C'est ça le pouvoir du live. Quand vous regardez une belle photo retouchée ou un montage vidéo, vous appréciez l'histoire que l'on vous raconte. Mais il y a quelque chose de vraiment brut avec la diffusion en direct où vous pouvez en plus interagir en temps réel. Cette expérience n'existe sur aucun autre média parce que c'est live. Et ça, je pense que c'est l'aspect le plus magique avec Periscope.

PPC : Est-ce que tu penses que tout le monde a des histoires à partager en live ?

K.B. : C'est une bonne question. Je pense que de plus le monde évolue et plus de gens vont avoir cette capacité. Que vous soyez live, que vous postiez des photos ou un article de blog, que vous envoyez un tweet, certaines personnes ont des choses intéressantes à dire et certains ont une audience importante. D'autres n'ont pas une énorme audience, mais ont aussi des choses intéressantes à dire. La beauté des plateformes comme Twitter ou Periscope est que chaque prise de parole peut trouver son public. Cela peut être quelquefois une audience large ou parfois petite, et il peut y avoir des surprises. Nous nous concentrons sur le fait que la plateforme permette à chacun de trouver la prise de parole souhaitée.

PPC : Et si on parlait des cas d'usages de Periscope ? Quels sont les meilleurs usages que vous avez repérés ?

K.B. : La beauté de Periscope, c'est qu'il n'y a pas un cas d'usage, mais de très nombreux cas d'usage sur un large spectre. D'un côté, vous trouvez des utilisations comme celles de Roger Federer ou d'un astronaute, celle de musiciens qui filment en direct leurs répétitions ou leur concert sur scène, ou bien encore Gérard Piqué qui commente un après-match. Et vous avez de l'autre côté du spectre des personnes qui pratiquent des jeux collaboratifs, qui donnent des cours, qui désignent des produits, des journalistes qui montrent la réalité du terrain. Quand je suis arrivé à Paris, ça devait être lundi ou mardi, j'ai vu dans Le Monde une photo qui représentait la même rivière avec les migrants que j'avais vu en live la veille sur le scope d'un journaliste du journal allemand Bild. Je me suis dit que j'avais déjà vu ça en live et que c'était hier. Et c'est important de lire l'article du Monde et c'est aussi important d'avoir aussi vu l'événement en live. Pour moi, le point intéressant c'est que le même outil permet de partager toutes ces choses de différentes manières que cela soit pour de l'information ou autre chose. La façon dont j'utilise Periscope avec mes amis est différente. Mes parents me disent : « tu es à Paris en ce moment, montre-nous ce que tu vois. Et je fais un Periscope privé avec eux ou avec mes amis pour leur montrer Paris. Je fais aussi des Periscope en montrant mon chien. L'immense spectre de toutes les choses qui se passent en ce moment dans le monde peut être partagé avec un outil comme Periscope.

PPC : L'application Periscope est numéro 1 sur le store Apple en France et nous voyons en permanence sur la carte de Periscope de très nombreux points rouges indiquant des diffusions en France. Quelles différences entre les usages en France comparés au reste du monde ?

K.B. : Je pense que la façon dont les gens utilisent Periscope en France est passionnante, mais pas particulièrement différente de la façon dont les gens l'utilisent ailleurs dans le monde. C'est le même spectre des usages tels que nous venons d'en parler, mais il y a une concentration très forte en France en ce moment. C'est magnifique d'ouvrir la carte du monde sur Periscope et de voir tous ces points rouges. La nuit dernière lors de l'événement privé où nous étions ensemble, je parlais avec certains d'entre vous et chaque fois que je zoomais sur des parties de Paris, je voyais au moins dix broadcasters live dans ce quartier. C'est impressionnant. Tu sais, le fait que nous soyons dans le top 3 sur Apple Store n'est pas une fin en soi. Les classements évoluent en permanence parce que les algorithmes d'Apple ou Google évoluent et il y a un phénomène naturel de montagnes russes avec des montées et des descentes brutales. Pour nous, la chose la plus importante est de construire quelque chose de puissant, qui fonctionne, que les gens adorent et utilisent. Nous pensons qu'au fil du temps les gens vont l'utiliser de plus en plus. Et nous ne voulons pas avoir la tête qui tourne à cause des classements dans les App Stores. En fait, cela demande du temps de construire quelque chose que les gens aiment utiliser longtemps.

Mise au point : Periscope est-il dangereux ?

On entend énormément de choses à propos de Periscope, notamment en France où l'explosion est soi-disant due à un bad buzz initié par le footballeur du PSG, Serge Aurier insultant son entraîneur et certains de ses camarades de jeu. En réalité, le décollage de l'application en France provient d'un YouTuber influent auprès des ados qui a fait une vidéo-tuto de Periscope vue plusieurs millions de fois.

Les trois auteurs de cet ouvrage utilisent Periscope depuis son premier jour, et ont donc un recul suffisant pour répondre à cette question qui semble effrayer marques et commentateurs : est-ce que Periscope est dangereux ? La réponse est NON. Mais, comme toute nouveauté - notamment dans le domaine du web et des réseaux sociaux - il est nécessaire de prendre certaines précautions, et surtout de bien comprendre les us et coutumes des lieux et ne pas se laisser déstabiliser. Il est aussi tout aussi important d'avoir en tête qu'une plateforme sociale met du temps à mûrir. Qui se rappelle de Twitter et Facebook à leurs débuts ? C'étaient des cours de récréation très turbulentes, voire violentes… Même Snapchat, pourtant nouvelle égérie des annonceurs, était il y a peu encore, décriée pour les messages éphémères à connotation sexuelle envoyés par ses membres. Periscope est un média de nouvelle génération, dans la lignée des autres réseaux sociaux, et reste un outil dont l'usage est à l'aune de la maturité et du sens critique de ses utilisateurs.

Concrètement, Periscope est encore un outil jeune (tout près de deux ans à l'heure où nous écrivons ces lignes), et pourtant l'outil est déjà très mature. Un système de modération collaborative a été introduit afin de permettre aux personnes visionnant un live de bannir un visiteur si cela est justifié. Les diffuseurs peuvent bloquer des personnes, les commentaires peuvent être restreints à un cercle, on peut facilement modérer et répondre à des personnes par écrit en direct. Et si besoin était, l'équipe de Periscope est très réactive pour retirer des vidéos non conformes à leur charte.

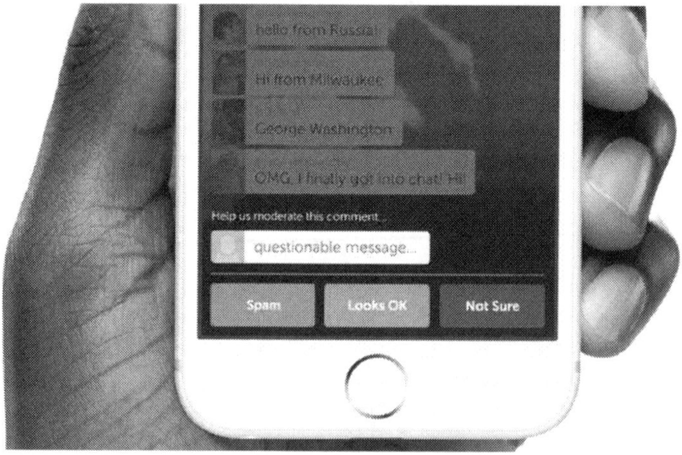

Un autre reproche apporté à la plateforme est l'intérêt relatif de ses publications, ainsi que le côté "voyeuriste" de certaines d'entre elles. Là encore, il s'agit de relativiser et d'aller par-delà les titres catastrophistes de certains médias qui surfent sur l'engouement autour de Periscope. Pendant longtemps, YouTube a été dédaigné pour la pauvreté (supposée) des vidéos qui s'y trouvaient. C'est aujourd'hui le premier moteur de recherche de vidéos au monde, et plus personne n'adresse une critique.

De fait, sur Periscope tout comme sur YouTube vous pouvez trouver "de tout", aussi bien des choses extraordinaires que banales, inédites ou vues et revues, faites par des pros comme des amateurs. Il faut savoir chercher, et c'est d'ailleurs l'un des chantiers abordés par Periscope qui s'est doté d'un curateur de vidéos en la personne de Evan Hansen, ancien de chez Medium, pour mettre en avant les meilleurs live. Et il n'y a que sur Periscope que vous pouvez nager avec des dauphins à l'autre bout du monde, ou suivre la naissance d'un mouvement populaire comme #NuitDebout. Sur Periscope, vous trouverez aussi des talents naissants et des contenus de très bonne qualité et nul doute que vous en serez comblé.

Pour autant, nous ne sommes pas naïfs ni angélistes. Tout n'est pas parfait, le direct reste un exercice périlleux qu'il faut savoir maîtriser pour en tirer pleinement parti. Des dérapages peuvent subsister, des "trolls" venir vous polluer. Il convient donc, en fonction de ce que vous désirez faire, de construire votre émission et de vous y préparer au mieux. Ça tombe bien : c'est l'objet de ce livre !

Comment créer et gérer votre compte Periscope ?

La relation entre votre compte Twitter et Periscope

Même si Periscope est une société qui appartient à Twitter, il est possible de créer un compte Periscope sans utiliser Twitter. Cependant, si vous utilisez Periscope dans un contexte professionnel ou que vous représentez une marque, nous vous suggérons fortement de lier votre compte Periscope à Twitter.

Lorsque vous créez votre compte Periscope, vous serez confronté à deux choix.

1. Créer votre compte en utilisant votre identifiant Twitter.
2. Créer votre compte en utilisant votre numéro de téléphone portable.

Créer votre compte en utilisant votre identifiant Twitter

Si vous avez décidé de lier votre compte Twitter à Periscope, votre nom d'utilisateur, photo de profil et bio Twitter seront utilisés sur Periscope. Si votre compte Twitter est certifié, il en sera de même pour votre compte Periscope.

Nous pensons que cette solution est la plus intéressante pour tous ceux qui utilisent Periscope dans un contexte professionnel et/ou d'affaires. En utilisant votre compte Twitter, vous obtiendrez une portée organique plus forte. De plus, vous pourrez aussi diffuser depuis l'application mobile iOS et Android de Twitter.

Astuce : Si vous utilisez Twitter dans un contexte professionnel, nous vous suggérons de faire certifier votre compte. La procédure est simple et relativement rapide. Une fois que votre compte Twitter sera certifié, un badge bleu apparaîtra à droite de votre nom d'utilisateur.

Ce badge sera aussi présent sur votre compte Periscope. Auprès des utilisateurs, ce badge authentifie que vous êtes bien le compte officiel de la marque, entreprise ou le compte officiel de la personne. Vous pourrez demander la certification de votre compte ici : bit.ly/certificationTwitter

Créer votre compte en utilisant votre numéro de téléphone portable

La création d'un compte Periscope en utilisant un numéro de téléphone portable, ne nécessite pas de compte Twitter. Cette solution est surtout recommandée pour ceux qui diffusent à titre personnel ou encore pour des marques qui désirent créer des comptes pour des événements spéciaux en marge de leur compte officiel.

Modifier votre profil

Notez que dans les deux cas que nous avons évoqués plus haut, il est possible de modifier votre photo de profil, bio, et même votre nom d'utilisateur, mais seulement une fois tous les 30 jours.

La gestion multicompte

La gestion multicompte est accessible uniquement à ceux qui ont des comptes Periscope liés à leurs comptes Twitter. Il suffit d'ajouter tous les comptes Twitter que vous utilisez sur vos appareils iOS ou Android. Une fois cette étape franchie, rendez-vous sur votre profil Periscope et déconnectez-vous. Il vous suffira alors de sélectionner le compte alternatif que vous désirez utiliser.

Le nom de votre compte, les notifications...

Si vous utilisez déjà Twitter, la création d'un compte Periscope est rapide. Il suffit de télécharger l'application et de vous authentifier en utilisant votre compte Twitter. Periscope apparaîtra alors dans la liste des applications autorisées à utiliser votre compte Twitter. Vous trouverez ces applications dans les paramètres de votre compte Twitter (Paramètres - Applications). Vous pourrez associer votre profil Periscope avec votre compte Twitter. Toutes les informations présentes sur votre profil Twitter seront alors importées vers votre compte Periscope. Notez que vous pouvez par la suite modifier et personnaliser les informations qui apparaissent à votre profil Periscope.

Vous n'utilisez pas Twitter ? Encore une fois, cette solution est à notre avis surtout utile pour des personnes qui utilisent Periscope à des fins personnelles. Dans un premier temps, téléchargez l'application sur votre smartphone. N'utilisez pas une tablette ou un appareil auquel aucun numéro de téléphone n'est associé. Lorsque Periscope vous demandera de vous authentifier, inscrivez-vous en utilisant votre numéro de téléphone. Vous recevrez alors un SMS qui contiendra le code de confirmation. Saisissez ce code sur Periscope. Cette action complétera votre authentification. Il ne vous restera plus qu'à créer votre profil en y ajoutant une photo, nom d'utilisateur et bio.

Modifier ou personnaliser votre profil Periscope

Pour modifier ou personnaliser votre profil Periscope, sélectionnez l'icône d'un groupe de personnes. Ensuite, appuyez sur le bouton "Éditer". Ici, vous pourrez modifier votre nom d'utilisateur, la bio et la photo de profil.

Attention : si votre compte Twitter / Periscope est certifié, vous ne pourrez pas modifier votre nom d'utilisateur.

Les notifications

Comme sur toutes les applications mobiles, vous pouvez activer ou désactiver les notifications. Periscope vous alerte alors lorsqu'une personne que vous suivez lance un live, ou vous recommande un live. Et si vous suivez beaucoup de monde, il vous est aussi possible de désactiver les notifications associées à certains utilisateurs. Pratique si vous suivez un compte qui diffuse plusieurs fois par jour, non ?

L'interface et les fonctionnalités

Description de l'interface de Periscope

Sur Periscope, il y a deux types d'utilisateurs ; les diffuseurs et ceux qui assistent à une diffusion en direct ou en rediffusion (replay). Bien que l'interface soit identique, le diffuseur a accès à quelques fonctionnalités supplémentaires.

L'interface de l'application se compose de quatre onglets. Vous les trouverez au bas de l'écran :

Le premier onglet, représenté par l'icône d'un téléviseur est en quelque sorte la page d'accueil. Vous y trouverez les diffusions des membres de votre réseau, ainsi que les diffusions « *tendance* » suggérées par l'équipe de Periscope.

Le deuxième onglet (icône du globe terrestre) donne accès à la liste des diffusions en cours sur Periscope. Cette liste ne se compose pas de personnes que vous suivez, mais bien d'utilisateurs de Periscope à travers le monde. Il est possible d'afficher cette liste sur une carte du monde. Ce qui permettra de sélectionner une diffusion dans la zone géographique de votre choix. Pour afficher la carte du monde des diffusions, appuyez sur le bouton « *Carte* » qui se trouve dans la partie supérieure de l'écran.

Le troisième onglet, celui qui est représenté par une caméra est sans aucun doute le plus important. C'est celui qui vous permettra de créer une diffusion. Vous trouverez plus d'information sur les diffusions sous la partie « *La diffusion de votre live* ».

Depuis le quatrième onglet représenté par l'icône d'un groupe de personnes, vous pourrez modifier votre profil, personnaliser les paramètres de l'application, rechercher un mot-clé, des personnes, des lieux et diffusions.

La recherche

L'outil de recherche est représenté par une loupe. Pour l'atteindre, rendez-vous sur l'onglet représenté par l'icône d'un globe terrestre. Vous pouvez aussi accéder à l'outil de recherche en sélectionnant l'onglet représenté par l'icône d'un groupe de personnes. Le moteur de recherche vous permettra de trouver des diffusions en utilisant des mots clés (Diffusions) ou le nom d'un lieu (Lieux). Le moteur de recherche possède un troisième onglet qui se nomme Personnes. Ici, vous pourrez trouver des diffuseurs en saisissant leur nom et/ou leur pseudo Periscope.

La recherche : Les onglets Diffusions et Lieux

L'onglet Lieux vous permet de trouver des diffusions en direct (Live) en fonction d'une position géographique. Si le diffuseur a désactivé la géolocalisation sur sa diffusion, vous ne pouvez pas la trouver depuis l'onglet Lieux.

De son côté, l'onglet Diffusions vous permettra de trouver des diffusions associées à des mots clés. Vous pouvez lancer une recherche en utilisant un ou deux mots clés. Il n'est pas nécessaire d'ajouter le symbole dièse (#) devant le mot clé recherché.

Les principales fonctionnalités : version diffuseur

Il y a trois étapes principales dans une diffusion sur Periscope. La première consiste à choisir un titre, une audience (publique ou privée) et de lancer la diffusion. La deuxième étape est en fait le cœur de l'activité, c'est-à-dire la diffusion. Enfin, la troisième et dernière étape consiste à mettre fin à votre diffusion.

L'écran Diffuser maintenant

Pour accéder aux fonctionnalités de diffusion, appuyez sur l'icône représentée par une caméra. Cette action vous fera basculer vers l'écran de diffusion. À cet endroit, vous pourrez saisir le titre de la diffusion ainsi que l'audience visée.

Le titre : le titre de votre diffusion est important, il permet de contextualiser la thématique que vous allez aborder. Ne dépassez pas 90 caractères pour votre titre.

Quatre outils essentiels : Au bas de l'écran, tout juste au-dessus du bouton « *Démarrer la diffusion* » vous trouverez quatre outils. L'outil est blanc lorsqu'il est actif. Il sera gris si vous ne l'activez pas.

1. La géolocalisation : appuyez sur l'outil de géolocalisation pour inclure ou exclure la position géographique de votre diffusion.
2. Le cadenas vous permet de créer une diffusion privée. En clair, ce sera uniquement les utilisateurs que vous invitez qui pourront assister à la diffusion.
3. Si les trolls vous embêtent, il est possible de rendre accessible la fonctionnalité commentaires uniquement aux personnes que vous suivez. Il suffit d'activer l'icône « Seuls les utilisateurs que vous suivez peuvent discuter ».
4. Si l'icône de Twitter est activée, le titre et la diffusion elle-même seront publiés sur votre timeline Twitter.

Attention, le bouton rouge « *Lancer la diffusion* » démarrera instantanément votre live.

Les fonctionnalités accessibles au cours d'une diffusion

Quelques fonctionnalités sont accessibles uniquement une fois que vous avez lancé votre diffusion.

Dessiner à l'écran avec Sketch

Pour accéder à la fonctionnalité "Esquisse" aussi appelée Sketch appuyez sur la touche menu. Elle est représentée par trois points à l'horizontale. Ensuite, sélectionnez "Esquisse". Vous avez trois choix de couleurs : rouge, vert et bleu. Il y a aussi un pointeur gris. Pour fermer la fonctionnalité Sketch, appuyez sur le bouton "Terminé".

Afficher et masquer les commentaires

Appuyez à nouveau sur l'écran pour masquer les commentaires et basculer de la caméra avant à la caméra arrière. Il est aussi possible de masquer ou afficher les commentaires en glissant votre doigt de la gauche de l'écran vers la droite. Ensuite, appuyez sur le bouton Cacher / Montrer la discussion.

Afficher le pic de diffusion

Glisser votre doigt de la gauche de l'écran vers la droite pour afficher le pic de diffusion. Cette information permet de demander aux participants de partager la diffusion au moment où vous avez le plus de spectateurs en direct.

Mettre fin à la diffusion

Pour mettre fin à une diffusion, avec votre doigt, glissez du haut vers le bas de l'écran.

Voici trois fonctionnalités supplémentaires :

1. Afficher les statistiques au cours d'une diffusion : glissez votre doigt de la gauche vers la droite de l'écran. Cette action vous donnera accès au nombre de spectateurs en direct ainsi qu'au "Pic" de spectateurs. C'est-à-dire le moment où vous avez le plus de personnes qui assistent à votre diffusion.
2. Afficher les statistiques de rediffusion : une fois la diffusion terminée, vous aurez accès au nombre total de personnes qui ont assisté à votre diffusion en temps réel et en rediffusion. Pour accéder aux statistiques d'un événement, affichez votre profil, ensuite, sélectionnez le menu Diffusions. Il ne vous restera plus qu'à choisir la diffusion de votre choix.
3. Comment afficher les 6 derniers commentaires à l'écran : au cours d'une diffusion, appuyez sur un commentaire. La fenêtre qui vous permet de répondre, signaler un commentaire ou afficher le profil d'un utilisateur apparaîtra à l'écran. Il vous suffira de glisser l'écran vers la gauche ou la droite pour accéder aux 6 derniers commentaires.

6 petites astuces bonus

- Préparez un conducteur.
- Pensez aussi à localiser la prise de vue, cela permettra d'augmenter le nombre de personnes qui viendront voir votre scope.
- Utilisez la force de Twitter en tweetant le titre de votre Periscope. Si c'est bien fait, vos followers de Twitter vont le faire savoir.

- Choisissez un visuel qui représente bien le contenu de votre capsule Periscope : c'est la première image filmée par votre caméra qui sera disponible en visibilité pour les premiers spectateurs et qui, en plus de votre texte, va donner envie de regarder votre Periscope.
- Organisez la viralité en incitant vos followers sur Twitter à vous retweeter, et en encourageant vos followers sur Periscope à faire un "share broadcast" pour partager avec d'autres Periscopeurs.
- Incitez ceux qui vous suivent sur le Web à venir sur l'application Periscope pour pouvoir commenter et interagir avec vous sur la captation vidéo en temps réel.

Utiliser une GoPro ou un drone DJI sur Periscope

Il n'y a pas que le smartphone qui permet d'utiliser Periscope : il existe désormais d'autres moyens tels que les caméras GoPro et les drones DJI. Attention, cela est pour le moment uniquement réservé à la version iOS de Periscope (pour des raisons de limitations techniques sous Android).

L'intérêt est de pouvoir se donner d'autres points de vue, en complément de celui de son smartphone, pour mieux "coller" aux besoins d'un tournage. Filmer une descente en ski est bien plus impressionnant depuis une GoPro !

Utiliser Periscope avec une GoPro

Il vous faut à minima une GoPro Hero 4 et un iPhone à partir du modèle 5S.

1. Installez l'application GoPro depuis l'App Store Apple.
2. Suivez les instructions à l'écran pour connecter votre caméra à l'iPhone.

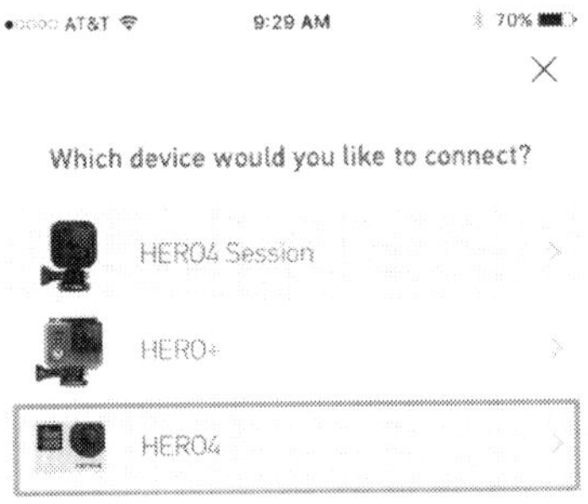

3. Puis allez dans les paramètres de votre iPhone> wifi> sélectionnez la Hero 4 pour la connecter en wifi.
4. Vérifiez que la GoPro est bien en mode vidéo et ouvrez l'application Periscope. Lancez un live : l'image que vous obtenez est celle donnée par la caméra.

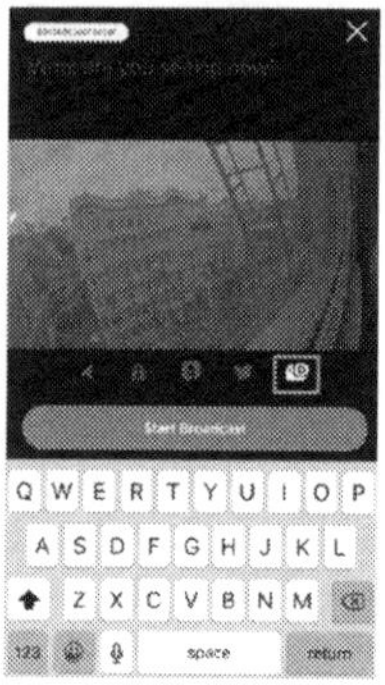

Trois points importants à avoir en tête :

- Les iPhone 5 et 5c sont compatibles, mais ils ne peuvent pas enregistrer le scope sur la Pellicule. Cette fonction n'est disponible qu'à partir du 5S.
- Ne quittez pas Periscope durant le scope, cela mettrait fin à votre live.
- Il vous est possible de basculer entre la caméra de la GoPro et celles de l'iPhone, afin de varier les angles de vues et vous adresser directement aux spectateurs. Il suffit de glisser vers la droite votre doigt dans l'interface ou de double taper sur l'écran. Le micro qui capte le son sera celui de la caméra qui est sélectionnée (iPhone ou GoPro).

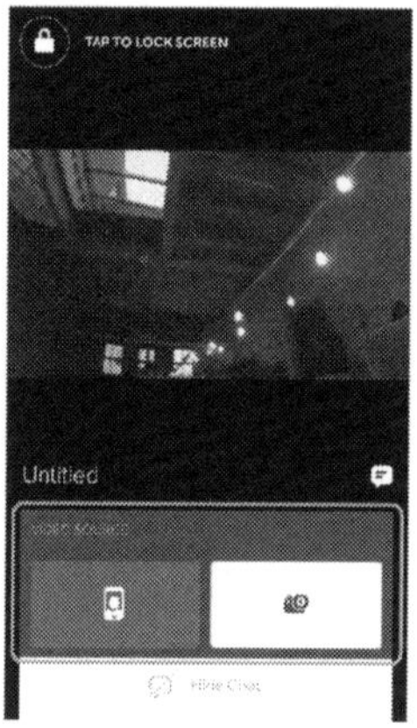

Utiliser Periscope avec un drone DJI

Il vous faut un drone de la marque DJI, modèles Inspire, Phantom 4, Phantom 3 Professional ou Advanced, et un iPhone à partir du modèle 5.

1. Connectez votre iPhone à la télécommande du drone DJI via un câble USB / lightning
2. Allumez le drone et la télécommande
3. Lancez Periscope : s'il voit le drone comme caméra additionnelle, une icône apparaîtra en bas à droite de l'écran et l'image que vous verrez sera celle émise par le drone.
4. Basculez sur l'application de pilotage du drone DJI : cela vous permettra de vérifier que tout est OK, que les éléments de télémétrie sont bons (vous ne pourrez pas y accéder une fois dans Periscope), et vous pourrez mettre le drone en mode décollage.
5. Revenez dans Periscope, écrivez le titre de votre scope, et lancez la diffusion !

Trois points importants à avoir en tête :

- Via Periscope, vous n'aurez pas accès aux niveaux de batterie de votre drone. Donc au moindre "bip" indiquant un niveau de batterie faible (vous pouvez paramétrer cela dans l'app DJI), mettez fin au live !
- Le son capté est celui de l'iPhone, ce qui veut dire que vous pouvez commenter les images du drone durant son vol, répondre aux questions...
- Il vous est possible de basculer entre la caméra du drone et celles de l'iPhone, afin de varier les angles de vues et vous adresser directement aux spectateurs.

Periscope Producer : l'outil pour créer du contenu comme des professionnels

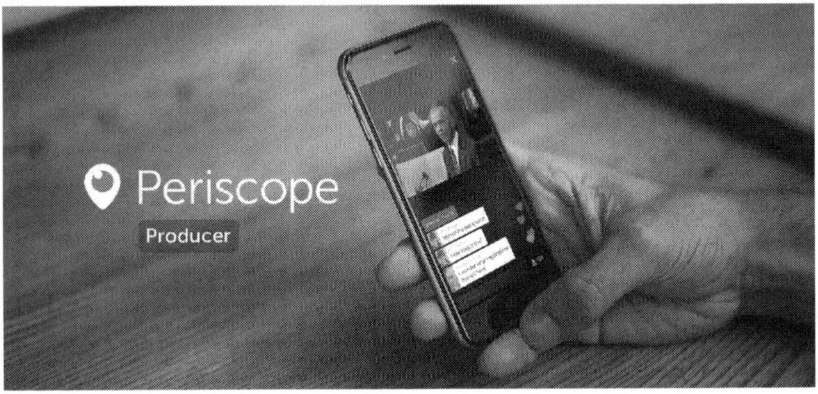

Filmer directement avec son mobile, c'est bien. Interagir directement avec son public et en direct, c'est formidable. Et si on allait encore plus loin en permettant d'amener la qualité d'une émission de télévision tout en gardant le sel que procurent les conversations en live dans Periscope ?

C'est probablement ce qui a décidé l'équipe de Periscope à proposer aux diffuseurs une nouvelle fonctionnalité très élaborée de Periscope. Son nom ? Periscope Producer. Son principe ? Vous permettre de configurer des encodeurs et des caméras externes afin d'amener du flux audiovisuel plus sophistiqué directement dans l'une de vos diffusions (voir la partie "Comment intégrer d'autres flux vidéo et faire de la réalisation ? "). Dans un premier temps réservé à quelques bêta-testeurs volontaires, cette fonctionnalité est désormais disponible pour tous depuis le 23 février 2017. Où se trouve Periscope Producer dans votre application sur mobile ? Dans le menu des réglages de votre profil sur Periscope. Vous avez accès à un menu enrichi à la rubrique "Sources avancées".

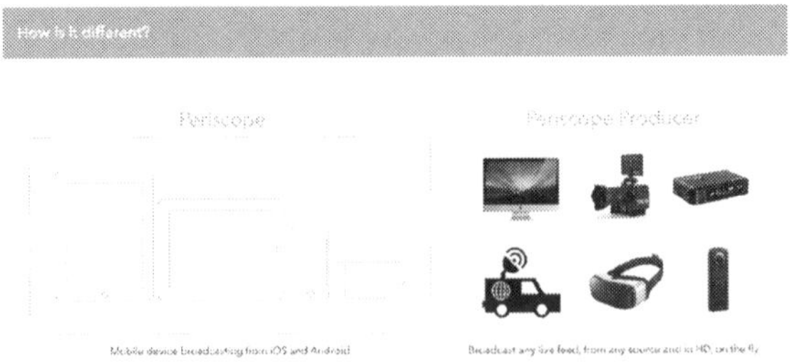

L'expérience utilisateur avec Periscope Producer est de fait beaucoup plus qualitative pour le spectateur... mais à la condition que le diffuseur en profite pour garder ce qui fait le sel de Periscope : la conversation en temps réel avec les spectateurs.

#GoLive, la diffusion vidéo live directement via Twitter.

Si Facebook a fait le choix dès le départ de proposer le live dans son application, Twitter a pris le temps d'inclure des fonctionnalités cœur de Periscope dans l'application historique (qui a fêté ses 10 ans en 2016).

L'objectif est triple :

1. Proposer une expérience nouvelle, simple et riche à tous les utilisateurs de Twitter qui ne connaissent pas encore Periscope.
2. Renforcer le positionnement de Twitter comme le média de l'instant présent, l'endroit où, quoi qu'il arrive dans le monde, les choses se passent d'abord sur Twitter.
3. Augmenter significativement la base installée de diffuseurs ainsi que le bassin de spectateurs potentiels pour Periscope.

Ouverte en fin d'année 2016, l'intégration de Periscope au sein de Twitter est remarquable de qualité. Respectant en tout point l'expérience utilisateur des adeptes de Periscope, les aficionados de Twitter peuvent désormais accéder aux fonctionnalités live de Periscope directement dans Twitter. Nul besoin pour le twittos d'avoir à télécharger Periscope et de créer un compte, il peut désormais visualiser des lives à partir de Twitter sur son téléphone mobile, interagir en ajoutant des commentaires en direct, encourager le diffuseur en lui donnant des cœurs en tapotant sur son écran et même partager directement auprès de ses followers. Une envie de diffuser une vidéo directement via Twitter ? Il vous suffit de commencer à rédiger un tweet depuis l'application mobile de Twitter, de cliquer sur l'icône "appareil photo" et enfin sur "En Direct" pour lancer une diffusion Live. #GoLive symbolise l'intégration sans couture des fonctionnalités de Periscope au sein de l'application Twitter.

Les principales fonctionnalités - version spectateur

Lorsque vous assistez à une diffusion, vous pouvez attribuer des cœurs au diffuseur, commenter, interpeller des participants et poser des questions au diffuseur. Ce sont là quelques-unes des fonctionnalités de base auxquelles vous aurez accès lorsque vous assistez à une diffusion.

Les cœurs sur Periscope

Sur Periscope, les cœurs permettent de mentionner au diffuseur que vous appréciez sa diffusion. Bref, les cœurs constituent une mesure d'appréciation qui encourage le diffuseur et qui est complémentaire des commentaires.

Pour attribuer des cœurs à une diffusion, tapotez l'écran. La couleur des cœurs correspond à la couleur de votre profil dans cette diffusion. La couleur de vos cœurs et de vos commentaires ne sera pas la même d'une diffusion à l'autre.

Les cœurs liés à une fête ou un événement changent de format.

Parfois, pour partager votre soutien à un télédiffuseur Periscope utilisera un emoji différent. Ainsi, lors de fêtes comme Halloween, le Nouvel An, Noël, Hanukkah, la fin du Ramadan ou pour fêter l'arrivée de l'hiver, les cœurs se transformeront en un emoji surprise. La technique est simple, il suffit pour le diffuseur d'utiliser dans le titre de sa diffusion un hashtag comme #Halloween ou #Snow pour que les cœurs se transforment en un flocon de neige, en chauve-souris ou encore en croissant de lune (Ramadan).

Les commentaires

La fonctionnalité commentaire permet de communiquer avec le diffuseur, mais aussi avec les autres participants. Pour commenter, appuyez sur « *Dites quelque chose* » qui apparaît au bas de l'écran. Pour interpeller ou discuter avec une autre personne qui assiste à la diffusion, appuyez brièvement sur l'un de ses commentaires. Une fenêtre apparaîtra et vous permettra de répondre, voir le profil ou signaler le commentaire. Sélectionnez « *Répondre* », la fenêtre de réponse inclura le nom d'utilisateur de la personne que vous interpellez.

Comment signaler un commentaire abusif ?

Si vous apercevez un troll ou une personne qui partage des commentaires déplacés ou désobligeants, vous pouvez signaler cet utilisateur. Pour signaler un commentaire, appuyez sur le commentaire concerné. La fenêtre qui vous permet de répondre, signaler un commentaire ou afficher le profil d'un utilisateur apparaîtra à l'écran. Sélectionnez le menu "Signaler le commentaire".

Les statistiques et le profil du diffuseur

Glissez la fenêtre de diffusion de la gauche vers la droite. Vous aurez ici accès aux informations concernant la diffusion et le diffuseur.

Vous aurez accès au nombre total de spectateurs qui ont assisté à la diffusion en cours, le profil du diffuseur, la localisation de cette diffusion, les outils de partage et l'option "cacher les commentaires".

Comment créer votre réseau sur Periscope ?

Construire son réseau sur Periscope

L'une des richesses de Periscope, comme de Twitter d'ailleurs, est la capacité offerte par cet outil de développer des liens sociaux en dehors de vos cercles de proches, d'amis ou de connaissances. Bien sûr, vous pouvez vous abonner à toutes les personnes que vous suivez déjà sur Twitter, cela vous fera un premier cercle de personnes que vous connaissez au préalable. Mais Periscope permet d'aller beaucoup plus loin en vous permettant de découvrir des personnes que vous ne connaissiez pas avant. Avec Periscope, le monde est enfin à votre portée. Vous pouvez chaque jour rencontrer et discuter en live avec des scopers présents tout aussi bien en Australie, en Argentine, aux USA, en Turquie, en Afrique du Sud, en Hollande… ou à quelques kilomètres de votre domicile. Leur point commun ? Vous ne les avez jamais vus auparavant.

Comment trouver ces « *nouveaux amis* » ? Comment s'y prendre quand on démarre ? Periscope a été conçu pour vous faciliter la tâche. Il existe quatre possibilités principales :

- La recherche de lives.
- La recherche géographique.
- La liste des comptes « tendances » du moment.
- La recherche par mots clefs.
- La recherche de personnes.

Pour partir à la recherche de lives, il vous suffit de sélectionner l'icône représentant le globe terrestre. Apparaît alors une liste des lives du moment qui n'attendent qu'une chose, c'est que vous alliez y jeter un œil (et des commentaires, si affinité).

La recherche en live et la recherche géographique

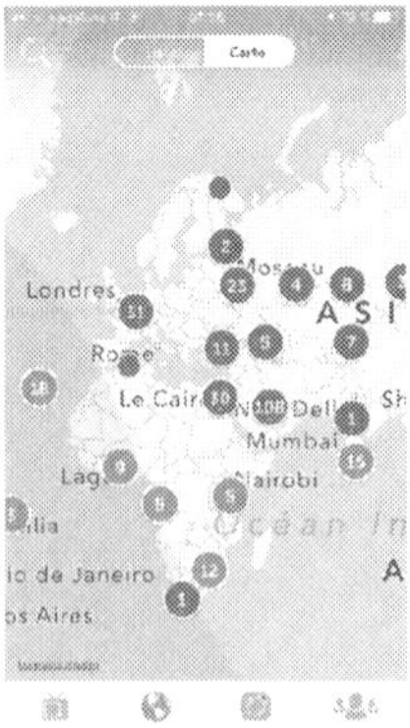

En tapant une deuxième fois sur l'icône du globe terrestre, vous allez pouvoir vous balader sur la planète et partir à la découverte des contenus du monde entier. Vous noterez que sur la carte du monde, les scopes en live apparaissent via une pastille bleue, ceux qui datent de moins de 24 heures sont accessibles en tapant sur les pastilles rouges.

La liste des comptes « tendances » du moment

Pour découvrir les comptes mis à l'avant en ce moment par Periscope, il vous suffit de taper sur l'icône avec les petits bonshommes en bas à droite de la barre d'outils.

La recherche par mots clefs

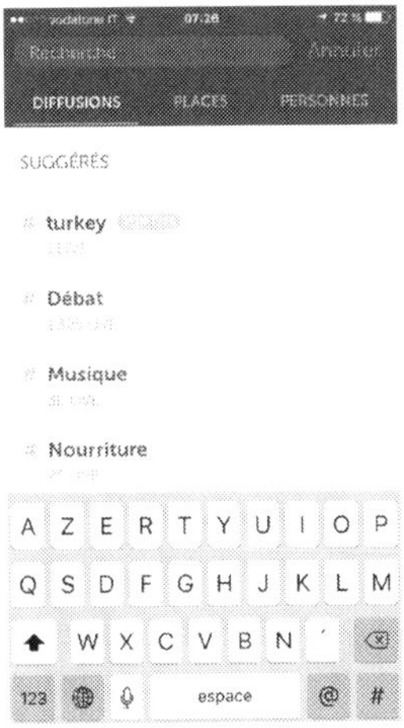

Après avoir tapé sur l'icône avec les petits bonshommes, tapez ensuite en haut à gauche sur l'icône « *loupe* » et indiquez un mot clef qui vous intéresse. La recherche vous fera remonter les contenus correspondants, s'il y en a.

Les comptes à suivre sur Periscope

Periscope a un côté magique, vous pouvez suivre un parfait inconnu comme le PDG d'une très grande entreprise. Loin d'être exhaustive, la liste suivante vous donnera quelques idées de compte à suivre.

Vous pouvez bien sûr commencer par les comptes des trois auteurs de ce livre : @PPC, @bdescary et @damiendouani : -)

Kayvon Beykpour

Jeune, brillant, agile et extrêmement sympathique, Kayvon Beykpour est le cofondateur de Periscope. Utilisateur de son produit, Kayvon se lance fréquemment dans des scopes sur son compte personnel pour échanger avec les utilisateurs de façon extrêmement décontractée. Un compte à suivre pour vivre de l'intérieur la vie de la team Periscope et découvrir de temps en temps en avant-première les prochaines fonctionnalités de Periscope.

John Legere

John est le CEO de T-Mobile, l'un des opérateurs téléphoniques les plus connus aux États-Unis et probablement le CEO le plus dynamique et iconoclaste sur Periscope. Ce patron utilise Periscope depuis le début et, à l'instar d'un Richard Branson (le fondateur de Virgin), il s'expose régulièrement sur Periscope d'une façon très libérée. Vous pourrez ainsi discuter avec lui alors qu'il se trouve dans sa cuisine ou son salon, mais aussi lors d'un des concerts et évènements que sa marque organise. L'homme est accessible et n'hésite pas à vraiment converser et échanger via Periscope. Une façon habile pour un CEO de garder le contact avec ses clients et d'incarner sa marque.

Alex Pettitt

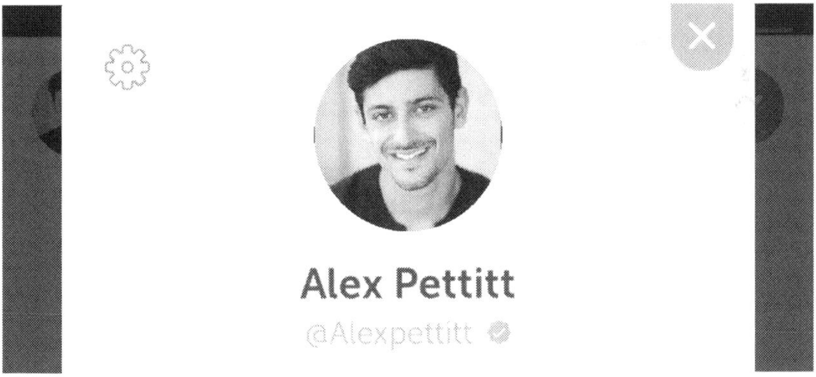

Alex Pettitt est un phénomène. Ce créatif anglais a saisi avec succès l'opportunité de Periscope. Son approche? Réaliser plusieurs diffusions par jour à destination du public le plus large possible pour parler de Periscope et de ses astuces aux nouveaux arrivants sur la plateforme. Cette stratégie fut payante puisqu'Alex a conquis dès la première semaine d'existence de

Periscope un large public de fans. Il partage dorénavant son temps entre Londres et les États-Unis et gagne maintenant sa vie grâce aux prestations de conseils qu'il vend aux marques et aux produits qu'il place dans ses diffusions.

Claire Waddington

Connaissez-vous vraiment bien Paris ? C'est ce que vous pourrez vérifier en suivant le compte de Claire Waddington @clairewad sur Periscope. Claire utilise Periscope plusieurs fois par jour pour faire découvrir à sa communauté de plus de 33 000 fans les coins magiques du centre de Paris et des bords de Seine. D'origine française et néo-zélandaise, Claire a su se constituer un vrai groupe de fidèles du monde entier qui peuvent ainsi se téléporter dans la capitale et converser dans la joie et la bonne humeur avec Claire. Les balades sont plaisantes et les fans de Claire le lui rendent bien puisque le compte Periscope de Claire dépasse les 20 millions de cœurs !

ChantalTV

Tout a commencé sur un balcon pour le compte Periscope de ChantalTV, le balcon d'un appartement du 11eme arrondissement de Paris. Ancien mannequin, spécialiste de l'univers de la mode et du luxe, Chantal est aussi experte quant à la construction d'une relation sincère et régulière avec ses fans. La preuve? Les conversations quotidiennes de Chantal, ses scopes dans les coulisses de défilés de mode, ses balades en France, en Hollande, en Indonésie ou encore en Nouvelle-Zélande ont déjà séduit plus de 260 000 abonnés à son compte!!!

Rémy Buisine

Rémy Buisine est un community manager qui rêvait depuis tout petit de devenir journaliste. Avec Periscope, c'est chose faite. Le jeune homme s'est illustré par des reportages en live de très grande qualité pendant le mouvement Nuit Debout à Paris ou lors des tragiques événements de Paris, Bruxelles ou Nice. Rémy sait aller au cœur des évènements pour nous ramener des images sans fard avec une justesse de ton et une maturité dans le recul que seuls de grands noms du journalisme savent imposer.

WeScopeTV

"Parce que les talents de la diffusion en direct méritent d'être connus." Voici l'idée qui a permis la naissance de WeScopeTV, la 1ère chaîne de talents francophones sur Periscope. On y trouve quoi? De l'interaction en temps réel avec des musiciens, des chanteurs, des blogueurs, des coachs, des entrepreneurs autour de contenus variés comme des cours de cuisine, des jeux, de la découverte de nouvelles technologies, de la musique, des conseils immobiliers, des accès backstage lors d'événements prestigieux, et même un rendez-vous au cœur de la Silicon Valley ...

Stéphanie Lamia

L'univers artistique et musical vous intéresse ? Vous allez vous régaler en suivant les scopes rafraîchissants de la sublime Stéphanie Lamia. Son nom vous dit quelque chose ? Vous l'avez peut-être déjà vue en concert ou lors d'émissions télévisées comme la Star Academy, X-Factor ou encore The Voice. Cette passionnée de la musique depuis l'enfance, auteur, compositeur et interprète de talent, prouve sur Periscope son véritable attachement à un dialogue spontané et proche avec son public que cela soit sur son compte Periscope ou sur WeScopeTV où Stéphanie anime une émission hebdomadaire.

eFrenchCafe

La French Riviera a trouvé son ambassadrice sur le compte Periscope eFrenchCafe. Derrière ce pseudo se cache Ida Chiara Young, une femme vraiment amoureuse de Nice, St Jean-Cap Ferrat et Beaulieu sur Mer et qui aime faire partager sa passion de cette belle région. Polyglotte, Ida maîtrise à la perfection le français, l'anglais, l'italien et offre chaque jour à ses abonnés du monde entier les plus beaux levers de soleil et ballades le long cette superbe partie de la mer méditerranée.

Melvinio

Vous aimeriez prendre un grand bol d'oxygène chaque jour en direct d'une des belles stations de ski françaises ? Le compte de Melvinio devrait vous combler de bonheur. Cet habitant des Deux Alpes diffuse chaque jour de magnifiques images en provenance de cette station du massif des Écrins qui possède l'un des plus grands glaciers d'Europe.

Mickaël Pericook

Tartines au saumon, biscuits sablés de polenta au parmesan et tapenade de tomates séchées, burger végétarien, muffins, tarte à la pastèque, le sympathique Mickaël officie sous le pseudo Mickaël Pericook. Habitant de Courcelles-lès-Lens, à proximité de Hénin-Beaumont, Mickaël vous régalera le palais, c'est certain.

Thierry Weber

L'univers de la photographie, de la vidéo professionnelle et celui de la technologie et des réseaux sociaux vous passionnent ? Vous allez adorer Thierry Weber. Cet entrepreneur passionné tombé dans la marmite des nouvelles technologies vit de l'autre côté du Lac Léman (à Lausanne) et possède un réel talent pour partager en direct sa passion auprès du grand public. En sus de ses activités professionnelles, Thierry Weber est aussi animateur sur WeScopeTV.

Joanne Tatham

Voici un rayon de soleil qui nous vient de Belgique via le compte Periscope de Joanne Tatham. Auteure du livre "J'arrête le superflu! " Joanne Tatham utilise Periscope en totale harmonie avec son savoir-être et son activité de coach et mentor au service de l'empowerment des femmes pour la création d'un monde plus égalitaire. Et si, en plus, vous voulez vivre une séance de méditation sur Periscope, voilà un autre bon compte à suivre.

Les fans de Periscope

Comme nous venons de le voir dans la section «*comment créer votre réseau sur Periscope*», l'un des intérêts de Periscope est de pouvoir échanger et converser avec de nombreuses personnes que l'on ne connaissait pas auparavant. Quelques semaines après le lancement de l'application Periscope sur iPhone, PPC et Benoît ont créé en 2015 un groupe de fans francophones de Periscope sur Facebook. L'idée? Pouvoir échanger autour des nouveautés de Periscope, des trucs et astuces autour de la diffusion en direct et surtout de rassembler une vraie communauté de fans de Periscope.

À ce jour, le groupe « *Fans de Periscope* » compte plus de 750 personnes sur Facebook qui échangent quotidiennement sur Periscope. Normal, ils sont fans de cette application. Ce groupe est une véritable mine d'or pour discuter sur des sujets de tous ordres à propos de Periscope et de ses usages, mais c'est aussi un bon moyen d'échanger avec des scopers francophones dans un cadre bienveillant et propice à la conversation. Amie lectrice ou ami lecteur, si l'aventure vous tente, et si vous voulez suivre toute l'actualité de Periscope et échanger autour des nouveautés… le lien pour vous inscrire et rejoindre ce groupe se trouve ici (respecter les majuscules et minuscules) : http://bit.ly/PeriscopeFans. Sinon, vous pouvez aussi utiliser le moteur de recherche de Facebook en tapant tout simplement : "Fans de Periscope".

PS : Et parce qu'une bonne nouvelle n'arrive jamais seule, vous pourrez aussi discuter avec les auteurs de ce livre en direct !

Les superfans

Vous avez suivi nos conseils ? Vous avez créé votre réseau ? Vous diffusez régulièrement ? Periscope est allé encore plus loin. Conscient de l'importance majeure d'avoir une communauté de spectateurs réguliers et bienveillants, Periscope a décidé de valoriser votre audience en donnant à certains une marque de reconnaissance.

Vous l'avez probablement remarqué, un badge - sous forme d'une petite flamme - apparaît sur les pseudos de certains commentateurs. Ce badge signale au diffuseur, comme à ses spectateurs, la présence dans la social room de commentateurs fidèles : les superfans. Comment est-ce calculé ? Les superfans sont les personnes qui sont les plus présentes lors des scopes d'un diffuseur. Ce sont les personnes qui commentent le plus, donnent le plus de cœurs, partagent le plus et restent le plus longtemps.

Fruit d'un savant mix de ces différentes composantes, un algorithme calcule régulièrement et met à jour la liste des superfans d'un compte. L'idée est excellente, elle vise à récompenser la fidélité des spectateurs et permet au diffuseur d'avoir un lien tout particulier avec ses superfans.

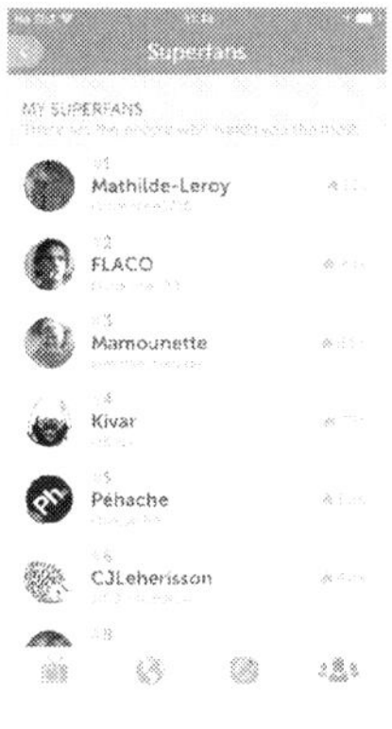

Les stratégies pour augmenter l'engagement au cours de vos diffusions.

Diffusion sauvegardée vs éphémère

Par défaut, Periscope sauvegarde vos scopes et les laisse disponibles à toute personne qui désire les regarder : il suffit pour cela de venir sur votre profil. L'intérêt pour vous est de garder une trace de vos directs, et surtout de permettre un accès illimité en replay. Il peut cependant y avoir un intérêt à limiter la diffusion à un temps plus court (24 heures ou moins) : quand le sujet de votre scope a un réel caractère éphémère, ou bien si tout simplement vous avez envie de jouer l'effet de rareté. Dans ce dernier cas, vous envoyez un message clair à vos abonnés : soyez là au bon moment, restez aux aguets, ce live n'aura lieu qu'une seule fois ! Ce qui sous-tend que ce que vous avez à leur montrer est suffisamment exceptionnel pour eux. Pour rendre un scope éphémère, allez dans les paramètres de votre profil et sélectionnez l'option restreignant la durée de vie de la vidéo à 24 heures. Si vous n'avez pas activé cette fonction avant de lancer un live, sachez tout de même que vous pourrez aussi tout simplement supprimer la vidéo quand bon vous semble une fois sa diffusion terminée. Pour cela, il vous suffit de vous rendre sur votre profil et de taper sur "diffusions".

Les commentaires restreints vs les commentaires ouverts

Les commentaires en direct. Voici LA fonction de Periscope qui enrichit très fortement les lives... et qui tout à la fois peut faire peur à beaucoup de monde, individus comme marques, entreprises ou institutions. Pourquoi ? Sans commentaires en direct, utiliser Periscope revient à faire du social streaming "simple", de la télévision sur internet, du live unilatéral sans volonté de prendre en compte avis et questions, bref cela revient en fait à renoncer à ce qui fait la richesse et l'intérêt d'un réseau social : la conversation. Si nous vous conseillons fortement de ne pas fermer les commentaires, nous comprenons tout à fait qu'il peut être parfois nécessaire de les restreindre uniquement à vos abonnés : c'est par exemple le cas de NowTechTV qui ne permettait qu'aux personnes suivant la chaîne de pouvoir commenter. Pour quelles raisons faudrait-il fermer les commentaires aux personnes que vous ne suivez pas ? Les raisons peuvent être multiples : volonté de créer un cercle privilégié de conversation, sujets "à polémique" dont vous désirez maîtriser la teneur, restriction du nombre de personnes pouvant poser une question à l'instar d'une conférence de presse...

Voici comment faire : assurez-vous de vous abonner aux personnes que vous désirez compter parmi vos commentateurs, et que ceux-ci s'abonnent aussi à vous en retour. Au lancement de votre live, choisissez l'option limitant les commentaires : seuls ceux qui sont abonnés à vous et auxquels vous êtes abonnés pourront commenter. Les autres ne pourront que suivre les échanges sans participer.

Bien que cette option soit intéressante, nous ne pouvons que vous recommander de laisser les commentaires ouverts à tous. Cela peut nécessiter selon le sujet traité (ou la marque que vous représentez), une préparation afin de savoir gérer tout souci ou dérapage (nous vous renvoyons pour cela vers les parties traitant de la préparation de votre émission, à nos conseils de prise de parole en direct et à comment modérer et gérer les trolls). N'oubliez pas, la conversation constitue le socle, la force, la clé même de Periscope. À vous de savoir en tirer un profit et d'accepter un certain lâcher-prise, belle preuve de maturité et de savoir-faire.

Comment augmenter la portée de vos diffusions ? Sauvegardez et diffusez vos vidéos

Initialement, les vidéos de Periscope ne restaient disponibles au visionnage que durant 24 heures après la fin du live. Face à la demande insistante des utilisateurs (et à la concurrence de Facebook Live), vous avez désormais le choix. Par défaut, vos contenus ne sont plus détruits et restent enregistrés ad vitam. De fait, vos vidéos sont toutes disponibles dans votre application Periscope et via votre page web personnelle www.periscope.tv/votrenomperiscope. À partir de cette liste, vous allez pouvoir les partager sur Twitter et Facebook d'un simple tap, et donc augmenter leur visibilité auprès de nouvelles audiences.

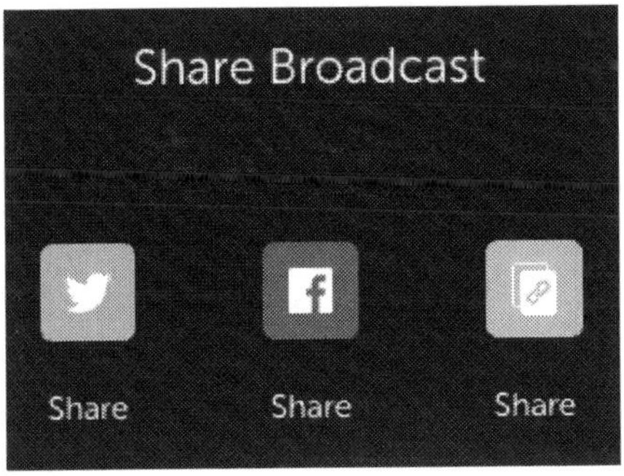

Mais ce n'est pas tout ! Il est possible de récupérer le lien directement vers le replay d'une vidéo en particulier, et donc de le diffuser comme on le désire (par e-mail, sur n'importe quel réseau social...). Une autre astuce intéressante réside dans l'intégration de votre vidéo dans un blog par exemple (comme une vidéo YouTube, Vimeo ou Dailymotion). Pour cela, il faut, lors du lancement du live, choisir l'option "Publication Twitter activée" afin d'émettre un tweet qui va intégrer la vidéo live.

Une fois le tweet émis sur le profil lié au compte Periscope, vous allez sur celui-ci et vous suivez ces étapes :

1. Cliquez sur **l'icône Plus •••** affichée dans le Tweet.
2. Dans le menu contextuel, sélectionnez **Insérer le Tweet**. (Il vous faut bien entendu un compte Twitter car c'est en fin de compte le tweet qui est intégrable et non la vidéo.)
3. Si le Tweet est une réponse à un autre Tweet, vous pouvez désélectionner la case **Inclure le Tweet original** pour masquer celui-ci.
4. Sélectionnez la case **Inclure le média** pour afficher la vidéo du live Periscope qu'il contient.
5. Copiez et collez le code fourni sur votre blog ou votre site.

Enfin, une dernière option possible est de télécharger la vidéo de votre live sur d'autres plateformes comme Facebook ou YouTube. Pour cela, il faut que vous ayez activé l'option "Enregistrement automatique dans la Pellicule" dans vos paramètres personnels, récupérer le fichier vidéo une fois le live fini, et le télécharger.

L'intérêt de cette méthode réside dans le fait que si vous avez déjà des communautés constituées sur d'autres réseaux sociaux, vous pouvez plus facilement les toucher (une vidéo téléchargée sur Facebook "nativement" sera plus vue qu'un lien posté sur cette même plateforme).

Mais elle présente deux inconvénients :

- Vous perdez les commentaires qui n'apparaissent plus à l'écran,
- Vous ne tirez pas profit de vos statistiques de diffusion Periscope.

Faire de la publicité sur Twitter

Une manière complémentaire de faire connaître votre live Periscope est d'utiliser les possibilités offertes contre argent sonnant et trébuchant par les publicités Twitter. Il est possible d'utiliser les services de promotion de Twitter pour mettre votre contenu de l'avant. Que vous soyez un individu, une TPE/ PME ou bien une grande société : Twitter propose de nombreux formats en fonction des objectifs qui sont les vôtres que vous pouvez retrouver ici : https:// business.twitter.com/fr

Dans le cas de Periscope, il existe trois possibilités de recourir aux publicités Twitter :

- Faire appel à une solution sur-mesure de Twitter (liée à votre budget média) dénommée "Promoted Periscope".
- Sponsoriser un ou des tweets intégrant le live Periscope dans une campagne avec des critères de ciblage très précis (nous ne détaillerons pas la démarche ici, il s'agit pour faire simple de créer une campagne de publicité dans Twitter et de faire la promotion d'un tweet intégrant un Periscope suivant des critères tels que le lieu, des mots clés, l'âge...).
- Utiliser Quick Promote qui est un outil permettant de diffuser votre meilleur contenu Twitter auprès d'une audience plus large. Pour cela :
    - Choisissez un Tweet à promouvoir
    - Cliquez sur l'icône d'activité du Tweet intégrant le live Periscope sur votre mobile ou votre ordinateur.
    - Cliquez sur « Sponsoriser ce Tweet », sélectionnez la localisation à cibler (monde, pays, état/province/région, agglomération).
    - Définissez votre budget (Twitter fournit une estimation de vos résultats probables à chaque niveau de budget).
    - Confirmez votre dépense
    - Regardez votre Tweet atteindre une audience plus large en temps réel.

N'oubliez pas que vous pouvez faire la promotion de votre Periscope après sa diffusion, ou bien au moment où vous le lancez (dans ce cas il faut que quelqu'un d'autre fasse la manipulation de promouvoir le tweet intégrant votre live).

Les statistiques disponibles et celles cachées

Periscope est livré "de série" avec des outils statistiques qui vont vous permettre de prendre le pouls de vos scopes. Il est crucial de bien comprendre leur signification afin de faire parler les chiffres utilement, et ne pas s'arrêter à certaines constatations brutes. Quand vous lancez votre scope, vous savez en temps réel combien de personnes vous regardent via le chiffre indiqué en bas à droite de l'écran. Cela vous permet d'avoir une idée des moments forts de votre vidéo, et de relancer l'animation pour capter d'autres personnes (voir le chapitre "La diffusion de votre live").

Juste après la fin de votre scope, vous pouvez accéder aux données suivantes :

- Le nombre de spectateurs en direct : c'est le nombre total et cumulé de personnes qui sont venues assister au scope en direct (à ne pas confondre avec le nombre de personnes présentes à chaque instant durant votre live, cf.compteur ci-dessus).
- Le nombre de spectateurs de la rediffusion : le nombre total et cumulé de personnes qui sont venues regarder votre scope en replay.
- La durée visualisée : le temps total et cumulé de visionnage des spectateurs qui sont passés voir le scope. Par exemple si 5 personnes au total sont venues et ont chacune regardé 4 minutes de votre live, la durée globale visualisée est donc de (5 x 4) 20 minutes.
- La durée de votre live.

En déroulant le menu de statistiques, vous allez pouvoir accéder à la liste détaillée des personnes qui étaient présentes lors de la diffusion, et celles qui le visionnent en replay, ainsi que le nombre de cœurs qu'a reçu votre live et qui les a envoyés.

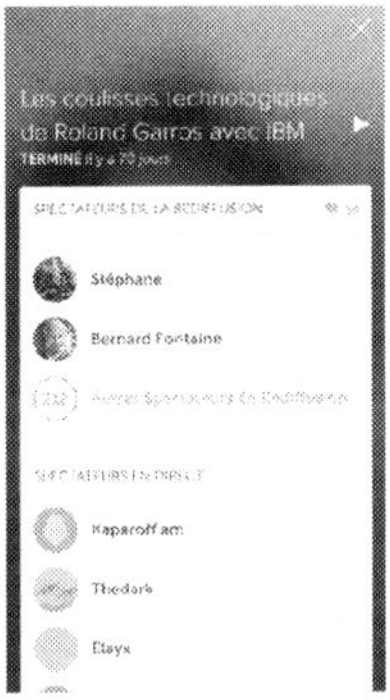

Enfin, une statistique très intéressante donnée juste à la fin de votre live : la courbe d'audience en direct. Elle vous permet de revoir à quel moment votre scope a attiré et fidélisé le plus grand nombre de gens : idéal pour analyser ensuite les moments clés de votre vidéo !

Attention : cette courbe est disponible juste après la diffusion de votre scope, mais pas après. Prenez donc le temps de la lire et de regarder à quoi correspondent les pics d'audience.

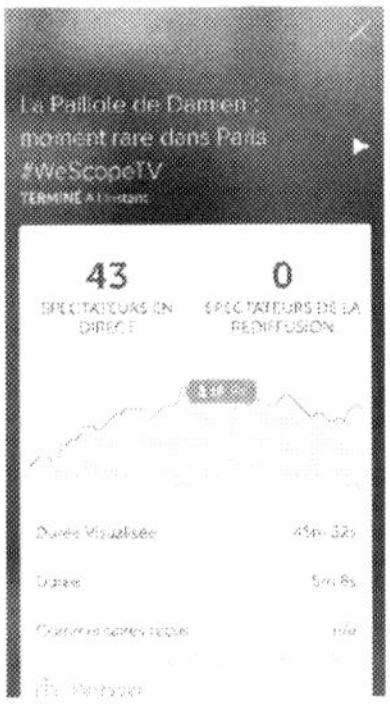

Révélez les statistiques cachées de Periscope

Il existe de nombreuses autres statistiques disponibles pour Periscope, mais qui ne sont pas accessibles directement via l'interface de l'outil. Il vous faut aller regarder plus en détail dans des services annexes, que nous vous révélons ici. En voici trois gratuits.

Twitter Stats

Si vous choisissez, lors du lancement de votre scope, d'émettre un tweet de mention à vos followers, ceux-ci vont pouvoir regarder depuis votre profil Twitter votre émission sans avoir besoin d'ouvrir l'application Periscope. En accédant aux statistiques Twitter (accessibles depuis le menu déroulant, en haut à droite en cliquant sur votre photo), vous allez obtenir de nombreux éléments complémentaires sur votre diffusion :

- Le nombre d'impressions représente le nombre de personnes ayant potentiellement vu le tweet intégrant votre scope.
- Le taux d'engagement du tweet, c'est le pourcentage de personnes ayant interagi avec le tweet au regard du nombre total d'impressions.
- Le nombre de clics sur votre profil généré par cette diffusion.
- Le nombre d'engagements avec le média, autrement dit avec votre scope.
- Et bien sûr le nombre de réponses, de "j'aime", de "retweets" de ce tweet.

Toutes ces statistiques vous permettent de mesurer "l'effet de halo" de votre scope via Twitter, c'est-à-dire l'audience complémentaire captée en dehors de Periscope même, les interactions générées par votre contenu, et les effets positifs tels que de nouveaux abonnés.

Periscope Stats

Periscope vient de lancer son tableau de statistiques agrégées par diffusion. Vous pouvez y accéder depuis votre compte dans la version web de Periscope. Vous y trouverez le nombre de coeurs, le temps de visualisation, le nombre de personnes ayant regardées...

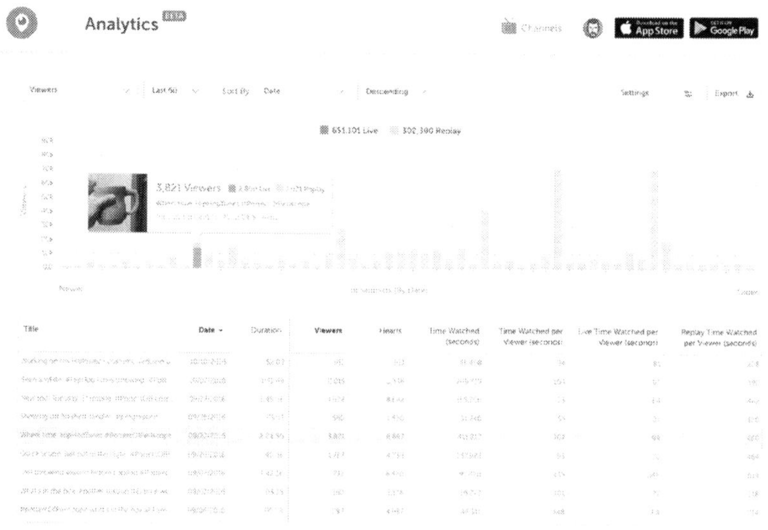

Scoperchat

Scoperchat est un outil un peu rudimentaire de prime abord, mais très puissant pour l'animation de vos scopes. Il est à utiliser lors de vos directs afin de pouvoir interagir de manière plus riche avec vos auditeurs.

Pour ce faire, connectez-vous à www.scoperchat.com avant de lancer votre direct. Une fois le scope lancé, vous allez pouvoir accéder à des éléments comme le nombre de cœurs par personne regardant votre scope ou le nombre de votants pour un sondage. L'outil rencontre malheureusement quelques bugs depuis plusieurs mois.

Fullscope

Fullscope est un tableau de bord statistique très complet réalisé par Casey Zeman, un spécialiste du marketing vidéo online. Sans entrer dans tous les détails (car ils sont nombreux), le service (payant depuis octobre 2016) s'articule principalement autour de deux onglets, Dashboard et Broadcast :

- Dashboard vous donne accès à une vision très exhaustive de vos émissions, aux dates qui vous intéressent : nombres de vues live / replay via l'application Periscope et le web, les auditeurs les plus assidus et les plus actifs, le top des auditeurs par commentaires et nombre de cœurs, et la répartition statistique par commentaires, temps moyen de visionnage, engagement global, nombre de cœurs, de partages et de copies d'écrans.
- Broadcast permet de regarder en détail, scope par scope, le nombre de vues en live / replay via l'application Periscope et le web, le temps moyen de visionnage, le nombre de partages, et le nombre de nouveaux abonnés gagnés suite à la diffusion. Vous pouvez aussi télécharger la vidéo d'un scope sur votre ordinateur pour la sauvegarder.

Trouver du contenu qui vous intéresse

Nous l'avons vu dans la partie « *Comment créer votre réseau* », Periscope possède nativement un moteur de recherche. Mais savez-vous qu'un moteur bien plus puissant est à votre disposition ? Il s'agit tout simplement du moteur de recherche de Twitter. Un moteur qui vous permet de vraiment affiner vos recherches par mots-clés et/ou par utilisateurs et/ou par dates entre autres possibilités.

Alors l'astuce ? Il vous suffit d'utiliser le moteur de recherche de Twitter (en haut à droite de l'interface) comme vous le faites habituellement, en ajoutant tout simplement dans vos critères

le hashtag #Periscope.

Pour approfondir la recherche et combiner d'autres critères avec le hashtag #Periscope, utilisez l'interface avancée à l'adresse www.twitter.com/search-advanced

Quelques outils incontournables

Avant la diffusion

IFTTT :

IFTTT est un outil simple et extrêmement puissant qui va vous permettre d'automatiser des actions selon le schéma "If this then that", en français "si ceci (action 1), alors cela (action 2) ". C'est ce que l'on appelle une "Applets" dans le jargon du service IFTTT.

Vous pouvez créer toutes sortes de recettes : par exemple, "publier un lien sur Facebook ou LinkedIn quand je lance mon scope", ou bien "publier un tweet 15 minutes avant le lancement de mon scope". Tout est possible !

Vous pouvez faire vos propres Applets, mais la beauté du web est telle que les autres utilisateurs mettent à disposition les leurs. Voici toutes celles qui concernent Periscope, amusez-vous bien !

https://ifttt.com/search/periscope

Après la diffusion

Prenez soin de vos statistiques

Rendez-vous dans la section de ce livre dédiée aux outils statistiques sur Periscope. Vous y découvrirez notamment Fullscope

Download Periscope Videos :

Comme son nom l'indique, ce service vous permet de récupérer n'importe quel scope dont vous avez l'adresse internet. Cette adresse se récupère tout simplement dans la barre d'adresse du navigateur internet quand vous regardez un scope, ou bien via la fonction partage dans l'application mobile.

Le fichier récupéré est au format.ts, lisible avec VLC.

Le service est gratuit, n'hésitez pas à le soutenir via un don PayPal.

http://www.downloadperiscopevideos.com/

Enregistrement d'écran (screencast)

Le problème dans les outils de récupération de vidéo de ses scopes, c'est que les bulles de commentaires n'apparaissent pas dans le fichier récupéré. Or, cela peut-être gênant de ne pas les avoir pour la compréhension du scope, ou tout simplement pertinent de relire les réactions des spectateurs.

Pour récupérer un scope avec les commentaires, il est nécessaire de faire un enregistrement du replay à même un ordinateur : vous allez à l'adresse du scope qui vous intéresse, et lancez un des logiciels suivants pour enregistrer votre écran. Attention de ne pas oublier de désactiver l'économiseur d'écran !

Logiciels gratuits : Camstudio (PC) / Jing (Mac et PC) / QuickTime (Mac)

Logiciels payants : Camtasia (PC et Mac) / Screenflow (Mac) / Reflector 2 (PC et Mac)

Keynote (Mac) / PowerPoint (PC) :

Ces logiciels sont très connus et servent à faire des présentations professionnelles. Mais ils peuvent aussi aider à mettre en forme une vidéo Periscope en "l'habillant" graphiquement.

Voici un exemple avec la vidéo de l'interview de Kayvon Beykpour, PDG de Periscope, par PPC : http://bit.ly/KayvonParis

La recette pour arriver à un tel résultat est très simple :

1. Créez le "fond" graphique dans Keynote ou PowerPoint
2. Récupérez la vidéo (soit sur votre smartphone, soit en la téléchargeant ou bien en l'enregistrant à même l'écran de votre ordinateur)
3. Intégrez-la dans le fond que vous avez créé
4. Exportez votre Keynote ou PowerPoint en fichier vidéo.

Et voilà : -)

Exemples d'utilisation par les marques et les célébrités

L'usage par les marques

Periscope n'avait que quelques jours en avril 2015 et de nombreuses marques étaient déjà présentes. Nous pouvons citer de mémoire (avec le risque d'en oublier certaines, car l'oubli ou l'omission viennent souvent taquiner la mémoire), Schweppes, Paulette magazine, Caisse d'Epargne, Europe 1, le Numa, 01Net, l'Opéra de Paris, Orange, l'UMP qui quelques jours après devenait LR et même Pirelli (qui a montré les sessions de qualifications des voitures Toyota pour les grands prix automobiles). Les autres marques nous pardonneront probablement les omissions bien involontaires.

Bien sûr, de nombreuses autres marques se sont mises à Periscope. Vous trouverez quelques exemples dans les pages qui suivent.

AlloCiné

Sorties de films, coulisses de tournages, visites de studio, AlloCiné vous donne l'occasion de pénétrer dans l'univers du 7ème art sans bouger de l'écran de votre smartphone. Et il y a même des jeux concours avec des voyages ou des places à gagner.

Amazon

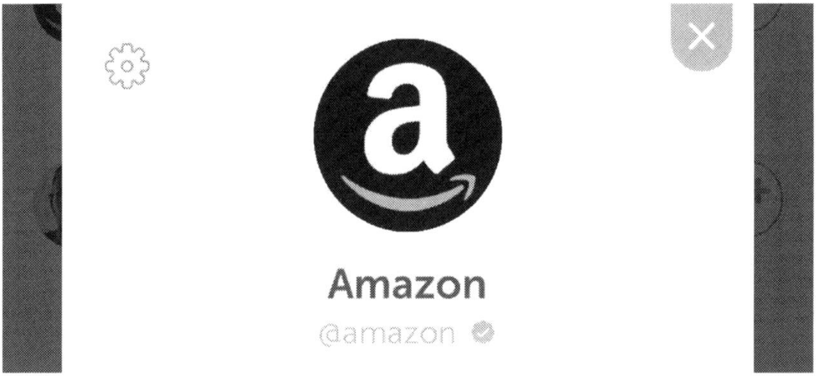

Le géant de la distribution est une boîte plus cool qu'il n'y paraît et on peut le voir en direct sur Periscope. A vous d'en juger en vous abonnant au compte Amazon sur Periscope.

EDF

À l'occasion des premières #ElectricDays, les journées innovation du groupe EDF le 24 janvier 2017, plus de 92.000 personnes ont découvert en direct sur le compte Periscope @EDFofficiel les très nombreuses activités de l'un les premiers énergéticiens au monde, dans un multiplex interactif alternant démonstrations, visions d'experts et interviews de dirigeants.

Le Tour de France à la Voile

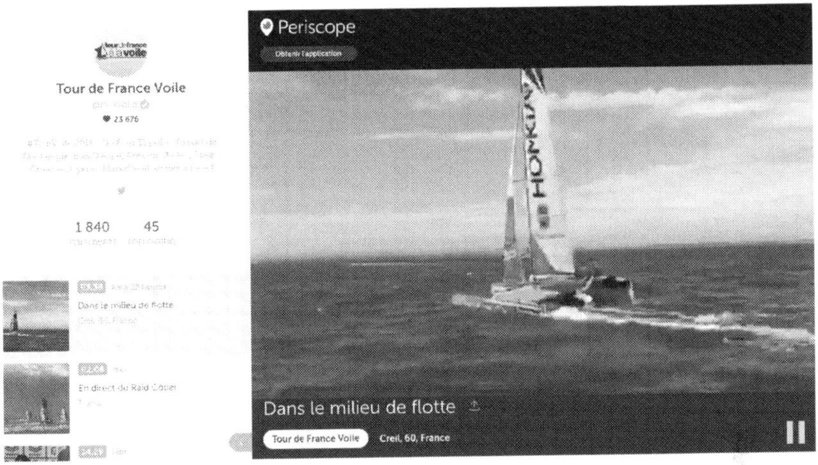

Amateurs de sensations fortes et férus de voile, suivez le compte officiel du Tour de France à la voile. Une façon toute simple de suivre l'évènement chaque année en étant au plus près de l'action, tout en restant confortablement les deux mains sur votre smartphone sans risque de le faire tomber dans la mer.

La Plagne

Voici probablement le compte la station de ski la plus dynamique sur l'usage de Periscope. Emmené sur la saison 2015-2016 par Kris Lavaut, son talentueux community manager, le compte de la station s'est illustré par de formidables descentes en ski avec utilisation de la GoPro Hero 4, une belle balade avec Elodie Gossuin, plus encore une première mondiale à la Plagne avec un survol en drone en direct sur Periscope au-dessus de la station de ski !

Renault France

La marque au losange est montée à bord de Periscope en partageant notamment des expériences autour de grands évènements de Rugby ou de Cinéma avec comme ambassadrice de choc la talentueuse Michèle Laroque. Pionnière en France, la marque Renault s'est notamment illustrée durant le Festival de Cannes 2016 (ainsi que celui du Festival américain de Deauville 2016) en utilisant la force des promoted tweets pour médiatiser ses diffusions Periscope.

SNCF - Dans le TGV

Comment utiliser la richesse du live conversationnel pour promouvoir le lancement d'un nouveau TGV ?

Pour célébrer la première circulation du TGV L'Océane, le dimanche 11 décembre 2016, vers Bordeaux et Toulouse, les équipes d'Havas Paris, d'Havas Events et SNCF ont imaginé et orchestré le premier multiplex Periscope en France. Ce dispositif digital résolument innovant, coproduit avec WeScope, a pris la forme d'une émission spéciale depuis le compte @DansLeTGV. Suivi par quelques 58 000 spectateurs en live, ce Periscope a été regardé par plus 100 000 spectateurs en 48 heures à peine, en replay.

Tag Heuer

Une marque haut de gamme peut-elle utiliser Periscope? Pendant que d'autres se posaient encore la question, la marque d'horlogerie TAG Heuer accompagnée de l'agence 909c, a organisé le mardi 19 mai 2015, un défi sportif et caritatif entre deux joueurs de tennis. Maria Sharapova, joueuse qui a remporté le French Open, et Kei Nishikori, numéro 6 mondial chez les hommes se sont prêtés au jeu. Résultats à l'époque: 1 800 spectateurs et plus de 3000 cœurs

Total

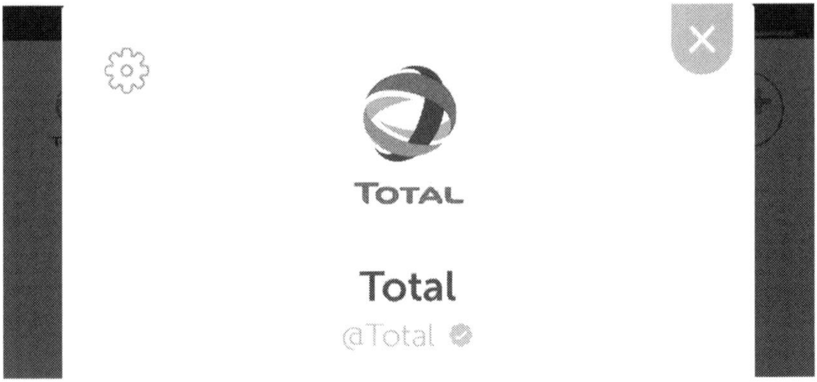

Arrivé sur Periscope tardivement, le groupe Total se sert pour l'instant de ce compte pour une communication Corporate. Espérons qu'avec le temps, ce compte saura tirer parti de la richesse des échanges avec la communauté Periscope. Vous avez dit Brand Content ?

BPIFrance

La BPI (Banque Publique d'Investissement) est très active sur Periscope. Au menu : de très nombreux lives des évènements qu'ils organisent avec des start-up, des interviews d'entrepreneurs... L'indispensable à regarder quand vous lancez votre boîte !

L'usage par les célébrités

Nikos Aliagas

Nikos Aliagas a décidément tous les talents. Journaliste, animateur de TV, homme de radio, photographe exceptionnel, Nikos Aliagas est aussi le roi des réseaux sociaux. Nul doute qu'il allait s'intéresser de près et très vite à Periscope... Et c'est ce qui s'est passé. Les coulisses de TF1 et des émissions que présente Nikos n'auront plus aucun secret pour vous, les émissions The Voice et 50 minutes inside comprises.

Jamie Foxx

Si l'on vous dit acteur, chanteur, musicien habitant Los Angeles et grand fan de Periscope? Vous répondez Jamie Foxx bien sûr. L'acteur principal du film Django de Quentin Tarantino est accro à Periscope et aux discussions à bâtons rompus avec ses followers. Faites un tour sur son compte, vous ne serez pas déçu.

Aaron Paul

Vous connaissez la série Breaking Bad ? Aaron Paul, l'acteur de la série qui joue le personnage de Jesse Pinkman, est sur Periscope depuis le 27 mars 2015. Au programme, quelques séquences bien déjantées en proximité avec l'acteur. Son pseudo ? @aaronpaul_8. Son nombre de followers sur Twitter ? 2,5 millions ! Son nombre de followers sur Periscope ? 230.000 et 2 millions de cœurs. Pas mal pour une petite quinzaine de Periscope.

Gérald Passedat

Même les grands chefs de cuisine se sont mis à Periscope. La preuve avec Gérald Passedat, le Chef de cuisine trois étoiles du fameux Petit Nice Passedat, Hôtel 5 étoiles à Marseille et aussi du Môle Passedat au MuCEM (la Table, la Cuisine, le Café, le Kiosque, l'école de cuisine.). Ce chef renommé nous fait découvrir régulièrement les coulisses de sa cuisine, de ses envies et de sa région. Et si vous êtes aussi un amateur de balades privilégiées dans les calanques autour de Marseille, vous allez être comblé.

Martin Solveig

Si vous aimez Martin Solveig, l'un des DJ les plus connus de la planète, sachez qu'il est sur Periscope. Au programme de son compte, de nombreux backstages où vous vous retrouvez dans la peau du DJ face à la foule de danseurs.

Bien sûr, cette liste de célébrités ou de personnages publics est loin d'être exhaustive. Nous avons aussi relevé quelques pionniers et notamment le Député de l'Eure et ancien ministre de l'Agriculture, Bruno Lemaire qui a relevé le challenge de répondre en direct face caméra à toutes les questions politiques qui sont posées sur Periscope. Plus drôle, le chanteur Charlie Winston a, quant à lui, été filmé par son public via Periscope en train de danser comme un canard.

La liste serait trop longue, le mieux est certainement que vous alliez faire un tour dans le moteur de recherche de Periscope pour trouver les diffusions de vos célébrités préférées.

L'usage par les médias

AJ+

Connaissez-vous AJ+, la chaîne d'actualité créée par Al-Jazeera et conçue pour la génération smartphones et réseaux sociaux ? Sa particularité ? Cette chaîne n'a pas de canal de diffusion en propre, elle utilise uniquement les canaux de distribution créés par d'autres. Logique de la retrouver sur Periscope pour profiter d'une écriture différente dans la manière de mettre en avant les actualités.

Arrêt sur images

Si vous aimez les enquêtes et analyses autour du monde des médias et la communication des marques ou des hommes politiques, vous allez être servi. Arrêt sur Image, le site de déconstruction des narrations médiatiques animé par Daniel Schneidermann est aussi disponible de temps en temps sur Periscope et ça vaut le détour.

CanalSat

Et si on utilisait Périscope pour réviser le BAC ? C'est la belle idée de CanalSat qui a proposé en mai 2015 à ses followers de réviser gratuitement les grands sujets du #BACPHILO sur Periscope ! Les étudiants ont pu poser des questions en direct via Periscope à un vrai prof de Philo. Très belle initiative d'un des médias pionnier sur Periscope.

Europe 1

Europe 1 est probablement la radio qui a pris la première le virage Periscope dès avril 2015 en faisant notamment découvrir pendant toute une journée les coulisses de toutes ses émissions. Toujours active depuis, la station de la rue François 1er s'illustre dans sa capacité à innover en combinant l'enthousiasme de ses animateurs et l'agilité nécessaire pour découvrir et utiliser de différentes manières un nouvel outil en mode #socialmedia.

Jeuxvideo.com

Unboxing, découvertes de jeux vidéo en avant-première, des critiques de jeux déjà sorties, visites de stands lors des plus prestigieux salons des jeux vidéo... Le compte jeuxvideo.com s'est lancé en 2016 dans le grand bain de Periscope pour le plus grand plaisir de ses fans. Ami gamer, tu sais ce que tu dois faire.

Le Parisien

S'il est un support de presse français qui a réussi à s'emparer de Periscope, c'est bien Le Parisien-Aujourd'hui en France, LE 1er quotidien généraliste de France. Au programme de ce compte, du journalisme de proximité sur Paris et le grand Paris, de la visite d'évènements, des rencontres avec des artistes, des coulisses de concert, des live acoustiques... Un compte à suivre qui a compris tout l'intérêt de Periscope et a su construire une communauté de plus de 90 000 abonnés.

RTL

Avec un compte ouvert depuis mars 2015, la 1ère radio de France a profité de l'Euro 2016 pour orienter ses diffusions Periscope sur les lancements par Sylvain Charley des grandes soirées foot en direct des studios du 22 rue Bayard à Paris.

RT en Français

Une chaîne de télévision d'information russe sur Periscope, et qui de plus diffuse en langue française ? Pas de souci, vous êtes bien sur RT en français. RT, c'est pour Russia Today, le petit nom de la chaîne lancée en 2005 et financée par l'état Russe. Devenue la chaîne de télévision russe la plus regardée sur YouTube, RT a investi Periscope pour proposer un point de vue alternatif sur tous les grands événements qui se déroulent en France. Vous ne parlez pas le russe couramment ? Rassurez-vous, sur le compte Periscope de RT France les diffusions sont toutes en français.

Les initiatives innovantes : les chaînes de télé alternatives.

Parachute TV (en anglais)

En En août 2015 se lance Parachute TV sur Periscope. Cette "chaîne de télé" a été créée par Caroline Lesley, Jon Erlichman & Seth Cohen, et se structure autour d'une grille de programmes composée d'une cinquantaine d'émissions par semaine animées par une centaine de periscopers. On y trouve des émissions de cuisine, de bricolage, des infos, des coulisses d'événements...

Le 11 février 2016 Parachute TV a remporté le Digital Entertainment World (DEW) Startup Award face à 12 autres finalistes.

The Editor TV (en anglais)

En Septembre 2015, une deuxième "chaîne de télé" se lance sur Periscope. @ TheEditorTV a été créée par Jason Stewart, Josh Allen, et Joe Valeri, et propose des émissions autour de la musique, des concours, des talk-shows, le voyage... La chaîne propose un événement régulier dénommé #DubSmashScopeAwards, et a lancé en novembre 2015 un feuilleton dénommé #ScopeOpera, qui attaque sa troisième saison.

WeScopeTV (en français)

Cocorico ! Lancée en janvier 2016, WeScopeTV est la première chaîne francophone sur Periscope. Cofondée par Vincent Lumaret, Lionel Blondeau, Pierre-Philippe Cormeraie (PPC) et Damien Douani, l'idée fondatrice est de donner la chance à des live-talents et d'offrir, sur un canal unique, des programmes inédits produits pour la chaîne et des recommandations de contenus de qualité présents sur Periscope.

Le constat de départ fut simple : face au très grand nombre de contenus disponibles sur Periscope, il était indispensable d'aider à repérer facilement des talents francophones avec des contenus (im) pertinents, intéressants, décalés et de qualité.

Pour cela, un casting permanent d'animateurs est ouvert à l'adresse www.wescope.tv/postuler. L'équipe fait ensuite passer un casting sous forme de Periscope privé. Durant 10 minutes, les candidats font vivre un extrait de ce qu'ils ont envie de faire comme émission. Il s'agit de tester leurs capacités à animer un show en direct tout en interagissant avec le public. Il ne s'agit pas uniquement de lire les messages, il faut savoir jouer avec, rebondir, les intégrer au flow de ce qu'ils racontent... Les meilleurs intègrent leur équipe d'animateurs et de chroniqueurs.

À ce jour, une quinzaine d'animateurs se répartissent la grille quotidienne autour de programmes touchant à la musique, aux jeux, au cinéma, à l'info, au high-tech, à la cuisine, aux coulisses de grands événements, aux start-up, au développement personnel, à l'immobilier...

Témoignages de 9 « early adopters » de Periscope

Eric Scherer, directeur de la prospective et du Medialab de France Télévisions

Quoi de mieux pour commencer cette section de témoignage qu'un échange avec l'un des meilleurs prospectivistes français de l'univers des médias et de la télévision ? Pour planter le décor, nous avons posé 5 questions à Eric Scherer, le directeur de la Prospective et du Medialab chez France Télévisions. Réponses sans fard et très directes comme vous pourrez le juger dans cet entretien réalisé aussi avec Martin Gouesse, le rédacteur en chef au Medialab de France Télévisions et grand utilisateur de le Social Live streaming.

Periscope et Facebook Live pour vous : Outils de vidéo-blogging ? De partage ? Ou nouvelle télévision ? Ou tout autre chose ?

Ces outils permettent d'aller au cœur de l'intérêt de notre audience.

Quel est votre point de vue sur le Social Live streaming ?

Le public n'a plus besoin de nous ! Aujourd'hui, aux États-Unis, il y a toujours une ou plusieurs personnes qui filment une scène qui peut faire événement (arrestation, manifs, accident…). Ces témoins alertent et sont souvent à l'origine d'une info importante.

Periscope ou Facebook Live ? Pour vous, usage perso ou pro ?

Surtout usage pro. « *Sur Facebook on trouve de l'info, sur Twitter on vient chercher de l'info* ». C'est également le cas pour les lives. Le propos n'est donc pas forcément le même sur les deux réseaux. Mais « *liver* » sur les deux est indispensable. Pour « *événementialiser* » les lives sur Facebook, un soutien de l'antenne peut être important, avec des renvois sur la page où se passe le live. Sur Periscope, la place à la spontanéité est plus importante. Periscope et Twitter, sont un peu comme une grande agence de presse, l'internaute sait qu'il s'y passe toujours quelque chose, les lives ont moins besoin de « *soutien extérieur* » pour vivre.

Est-ce que le Social Live streaming va tuer la télévision d'avant ? Et que peuvent faire les chaînes traditionnelles ?

C'est une concurrence stimulante. Les TV ont été lentes à réagir, mais utilisent désormais assez massivement ce nouvel outil. France TV l'a fait d'abord en régions et en Outre-Mer, puis au siège et en reportage ou lors de grands évènements (JO, défilé du 14 juillet, lancement de notre chaîne info,…). Nous avons aussi utilisé le live 360° de YouTube. Mais pas question de mettre un JT classique sur Facebook Live, ça ne fonctionne pas ! Avec Periscope ou Facebook Live, le journaliste participe et fait participer à l'évènement. Interpellé, le journaliste répond aux questions et fait évoluer son « *reportage* » en fonction des demandes et des questions qu'il reçoit. Il prend par la main son auditoire pour lui faire vivre ce qu'il vit. Nous sommes dans le témoignage.

Qu'est-ce que la combinaison de la vidéo live et des commentaires en temps réel ouvre selon vous, comme nouveau territoire d'expression ?

C'est la poursuite logique de la prise de contrôle de l'audience sur les outils de production et de distribution de l'info. Il faut donc oublier les codes de la télé. En live on est au bord de l'improvisation, dans l'écoute immédiate de son public. L'objectif est d'aller chercher l'audience et se mettre à son niveau, c'est elle qui fait le live en réagissant aux images et aux commentaires. On y retrouve donc les codes d'internet : proximité, écoute de l'audience. Les lives qui fonctionnent le mieux sont ceux qui ont un côté « *brut* ». Le temps est aussi l'ami du Live ! On y reste plus longtemps. Plus le live dure, plus vous faites participer l'audience.

Luc Bretones, directeur exécutif du technocentre d'Orange et d'Orange Vallée

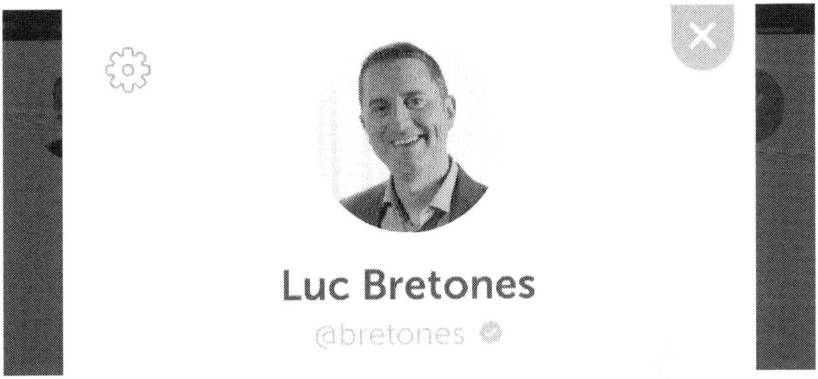

Bonjour, je suis Luc Bretones, directeur exécutif du Technocentre d'Orange et d'Orange Vallée, les deux « *usines* » à produits et services innovants du Groupe Orange. Mes équipes sont basées à Paris, Londres, Abidjan et Amman. Nous travaillons pour la trentaine de pays du Groupe en Europe, Afrique et Moyen-Orient ainsi que mondialement pour Orange Business Services. Lors de mes temps libres, je suis actif au sein d'un think tank numérique, l'Institut G9+, qui fédère les anciens des grandes écoles et universités françaises. Nous avons sorti un livre collectif à l'occasion de la campagne des présidentielles, afin de peser sur la prise en compte concrète du numérique dans les projets des candidats : « *2017 : #100idées pour une France numérique* ». Je suis sur Periscope depuis juin 2015 et mon pseudo est @bretones.

Periscope pour toi : Outil de vidéo-blogging ? De partage ? Ou nouvelle télévision ? Ou tout autre chose ?

En tant que diffuseur, Periscope est pour moi un moyen de partager instantanément ou en donnant rendez-vous via les réseaux sociaux, un moment exceptionnel dont je suis le spectateur privilégié. Cette application mobile va me permettre, si je le souhaite, d'analyser en direct ce que je filme et de répondre aux questions et remarques des personnes qui se joindront à ma diffusion.

En tant qu'observateur, je vais pouvoir tantôt assister sans me déplacer ou ne pas manquer le début d'une conférence, d'un rendez-vous sportif particulier, ou d'un événement qui m'est cher.

Periscope n'est pas pour moi une nouvelle télévision, mais un outil viral de partage instantané d'événements précis dans le temps et la géographie qui intéressent un public de niche.

Et comme ces événements nous sont chers, il est sage que Twitter ait décidé de ne plus limiter la diffusion de ces vidéos de façon éphémère.

Comment es-tu tombé dans la marmite de Periscope ?

J'ai tout naturellement voulu partager avec mes amis quelques vidéos live des plus beaux spots de mon dernier voyage en Corse du Nord et notamment avec un ami à qui j'avais parié que je me rendrais dans son village natal, magnifiquement perdu dans la montagne. Ce que j'ai fait. J'ai également pris conscience de la puissance de Periscope quand des spectateurs inconnus de moi se sont connectés à mes flux via certains mots-clés et une période de diffusion bien précise.

Periscope, usage perso ou pro ?

En ce qui concerne mon usage des réseaux sociaux en général, je ne mets aucune frontière entre mes vies pro et perso. Je trouve ces frontières artificielles et illusoires. De même, je considère que tout ce que je publie sur Internet est réputé public.

À ce stade, j'ai utilisé Periscope via mon compte personnel essentiellement pour relayer des événements festifs ou de vacances, et via le compte du Groupe Orange pour des diffusions exclusives (backstage et démos) lors du show Hello, le show de l'innovation Orange, présenté par notre PDG, Stéphane Richard.

Est-ce que Periscope a changé quelque chose dans ta façon de communiquer avec tes followers par rapport à d'autres réseaux sociaux ?

Contrairement à Facebook, Twitter ou LinkedIn, je n'utilise Periscope que rarement. En effet, la vidéo live me semble plus engageante que le texte et les images en mode désynchronisé, et je souhaite que mes sessions Periscope soient les plus pertinentes et qualitatives possibles.

J'ai été très honoré de réaliser le premier Periscope du Groupe Orange en backstage live la veille du show hello 4 au Carrousel du Louvre le 15 mars 2016. La session me permettait de décrire les moyens techniques consacrés à cet événement exceptionnel tant sur le fond des annonces que sur la forme - à la pointe des technos de vidéo et de son -, d'interviewer de façon spontanée et improvisée les techniciens présents (acteurs de l'ombre exceptionnels) et de filmer les DSLAM portatifs et autres passerelles internet installées pour l'occasion. 8 camions de 15 tonnes de matériel et la mise en œuvre éphémère d'accès haut débit pour l'équivalent d'une ville de 5000 habitants, cela a de l'allure et c'est surtout inédit ! Le succès a été immédiat, même en démarrant le compte, avec plusieurs milliers de spectateurs live. De même, cet été, une vidéo qui me semblait anodine, de la plus belle plage d'Europe selon un classement récent, à Porquerolles a dépassé les 1000 spectateurs live en 5 minutes, au cœur de l'été. Mon nombre d'abonnés est passé de 300 à 2500 en quelques heures à ma plus grande surprise.

Periscope est-il, de ton point de vue, un super outil de Personal Branding ?

Incontestablement, Periscope peut amener vitesse et puissance au Personal Branding s'il est utilisé de façon ultra pertinente et maîtrisée (sujet porteur, bonnes interactions, éjection des trolls, ...), et ceci sans équivalent, je pense. L'outil est un très bon complément à Twitter, Facebook, Instagram et LinkedIn notamment.

Periscope est-il un moyen de faire du business ? Et si oui, comment d'après toi ?

Par la capacité que vous aurez à monter des rendez-vous ciblés sur des publics professionnels de niche, Periscope peut vous permettre de démultiplier votre visibilité et de confirmer vos domaines d'expertise à coût marginal nul. Sur des salons, lors de conférences, rencontres, démonstrations, formations, la vidéo interactive accélère la prise de contact et la qualification.

Qu'est-ce que la combinaison de la vidéo live et des commentaires en temps réel t'a ouvert comme territoire d'expression ?

L'interaction est probablement l'apport majeur des méthodes d'innovation "lean startup" et "agiles" à l'efficacité des processus d'innovation. Elle permet, même avec des échantillons d'interaction modestes de bien comprendre les forces et faiblesses d'un nouveau produit ou service. Ce même type de retour peut être envisagé, quel que soit le sujet et représente une valeur considérable. L'usage de Periscope accroît les retours d'expérience quali et quanti avec une simplicité de mise en œuvre sans précédent.

Es-tu prudent et mesuré sur tes scopes et si oui, pourquoi ?

Comme je l'ai déjà précisé, je considère Internet comme un espace public, ouvert. À partir de là, le respect et la bienveillance sont à mon sens des prérequis. Comme l'a très tôt bien décrit Tara Hunt dans son livre « *L'effet Whuffie* », la valeur sociale dans un réseau croît à mesure que je lui suis utile : les acteurs positifs se rapprochent du centre, tandis que les conflictuels se font progressivement marginaliser. Cela ne signifie pas un sacrifice de la spontanéité et de l'authenticité, mais un souci des autres et de la cohésion sociale.

Qu'est-ce que tu aimerais dire sur Periscope que tu ne t'es pas encore autorisé ?

J'aimerais passer plus de temps sur Periscope à interviewer des personnages atypiques, sans langue de bois, accrochés à leur territoire, leur patrimoine, leurs passions ; entamer en quelque sorte un tour de France des personnalités qui m'ont le plus marqué dans la vie, tous domaines confondus.

Quels conseils donnerais-tu à ceux qui ne sont pas encore sur Periscope ?

Tout d'abord, si vous n'êtes pas encore sur Periscope, quelques tests s'imposent pour bien comprendre par vous-même - et cela est très important - l'évolution des médias sociaux et des outils fondamentaux des entrepreneurs et leaders d'opinion actuels.

Ensuite, mes conseils d'utilisation de Periscope seraient les suivants. Choisissez bien les moments que vous souhaitez partager, soyez vous-même dans vos commentaires, vos cadrages, simples, naturels, bienveillants, humbles, positifs et dynamiques. Aux questions auxquelles vous ne savez pas répondre, dites «*je ne sais pas, mais je vais regarder*», et aux trolls, surtout ne répondez pas !

Préférez des formats courts, des titres précis et percutants. Si cela est possible, utilisez les autres réseaux sociaux pour annoncer ou relayer un rendez-vous Periscope, et ainsi maximiser l'audience et optimiser l'impact de vos sessions.

Quelles sont, selon toi, les meilleures astuces pour réussir sur Periscope ?

Mes meilleures astuces pour réussir un Periscope sont, si possible, «*d'événementialiser*» votre diffusion en l'annonçant à l'avance, de choisir des moments sur lesquels vous assurez un contenu quasi exclusif et de grandes qualités. Enfin, les 2 premières minutes de votre session sont cruciales pour la montée parmi les contenus chauds du moment et l'amplitude du phénomène viral. Soignez donc particulièrement votre entrée en piste en sachant que ceux qui se joignent à votre Periscope au bout de 30 secondes n'ont pas l'historique de votre vidéo.

Thierry Weber, founder et CEO de Breew.com

Periscope pour toi: Outil de video-blogging? De partage? Ou nouvelle télévision? Ou tout autre chose?

Periscope est une nouvelle opportunité de travailler sa visibilité (ou celles de nos clients). Tous celles et ceux qui souhaitent le faire peuvent accéder à une technologie et un service simple d'usage, c'est ce que j'aime dans cette solution. Le partage, mais surtout l'interaction est facile à générer.

Comment es-tu tombé dans la marmite de Periscope?

Cela fait plus de 12 ans que je suis dans le digital, le digital marketing et surtout la vidéo sur le Web. J'ai toujours cru au live vidéo et très vite il a fait partie des services que nous proposons à nos clients. En faire si simplement avec Periscope c'est tout simplement pratique. Je m'y suis mis dès ses débuts et j'étais déjà sur Qik avec un iPhone jailbreaké. C'est pour dire combien le live en vidéo fait partie des outils de ma social media box; -)

Periscope, usage perso ou pro?

Clairement les deux. Le fait de produire du contenu en ligne et de le faire sous l'égide de mon profil perso fait sens pour mon travail et au sein de mon agence également. C'est comme une suite logique et très souvent l'un amène à l'autre.

Est-ce que Periscope a changé quelque chose dans ta façon de communiquer avec tes followers par rapport à d'autres réseaux sociaux?

Pas vraiment au vu de l'instantané que l'on peut avoir maintenant que Periscope est lié à son compte Twitter. Peut-être que la carte de l'engagement est plus recherchée, au travers par exemple des nombreuses questions que l'on propose à ses followers.

Periscope est-il, de ton point de vue, un super outil de Personal Branding?

Clairement oui. C'est tellement vrai que maintenant que j'ai rejoint la communauté wescope.tv je vois les retombées perso sur mes comptes. Je pousse d'ailleurs le vice à faire des Lives sur plusieurs plateformes et comptes différents, ceci pour toucher des communautés encore plus grandes et différentes.

Periscope est-il un moyen de faire du business ? Et si oui, comment d'après toi ?

C'est une sorte de VRP, une sorte d'outil de promotion pour se rendre visible. Dans mon cas, ma visibilité en Suisse est réelle et cet outil vient renforcer mon image en tant que « *spécialiste des outils social media* » en ligne. Je peux, par exemple, très facilement et légitimement défendre l'usage pro d'un tel moyen de communication.

Qu'est-ce que la combinaison de la vidéo live et des commentaires en temps réel t'a ouvert comme territoire d'expression ?

Le live amène une composante évidente : la rapidité, et peut être autre chose comme : la spontanéité, l'écoute réelle et le dialogue. Certes, ces traits existent sur plusieurs plateformes et outils, mais ici ils sont presque tous réunis. On peut également grâce à cet outil aller plus facilement dans le franc parler ou tout simplement aller droit au but.

Es-tu prudent et mesuré sur tes scopes et si oui, pourquoi ?

Comme je n'aime pas les trolls et autres empêcheurs (tu vois, là, je m'interdis de dire emm*** !), je suis ravi de jouer le rôle de chef d'orchestre qui dirige le ton et l'ambiance de mes lives. Comme « *c'est chez moi* », j'aime l'idée que tout le monde se pose dans le respect de chacun et dans l'écoute surtout. Il n'y a rien de pire que de ne pas laisser la place à une question ou pire, de ne pas y répondre. Le fait est que l'on peut faire cela dans de bonnes conditions tout en étant poli. C'est utile avec un public probablement très large en matière d'âges.

Qu'est-ce que tu aimerais dire sur Periscope que tu ne t'es pas encore autorisé ?

Je crois que je ne changerai rien, non, je ne vois pas ce que je modifierais.

Quels conseils donnerais-tu à ceux qui ne sont pas encore sur Periscope ?

Trouvez-vous une passion (que vous avez probablement déjà) et mettez-là en ligne, partagez-là ! Vous verrez très vite que vous n'êtes pas le seul dans ce domaine. Autre conseil : la préparation et la rigueur ajouteraient de la régularité. Quand WeScopeTV m'a été présentée, j'ai tout de suite adoré l'idée puisque j'étais obligé d'être en live tous les lundis matin à 11h (si vous voulez me suivre, vous savez maintenant comment le faire !). Cette régularité paie à la longue, vous allez immanquablement vous créer une audience qui va vous suivre et partager avec vous.

Quelles sont, selon toi, les meilleures astuces pour réussir sur Periscope ?

Bossez sur un setup sympa même si vous pouvez faire du live dans la rue. Faites attention au son, soignez-le avec un véritable système de prise de son. Même avec un smartphone c'est possible, donc il n'y a aucune excuse.

Pensez à la qualité de votre flux, en termes de bande passante. Posez-vous la question de savoir si le lieu dans lequel vous êtes tient la route en 4G ou en wifi. Soignez aussi l'image. Mon astuce : travailler avec un trépied et utiliser une caméra autre que celle en frontal. Ok, vous ne vous voyez pas, mais à l'aide d'une tablette vous pouvez à la fois suivre votre propre live (et donc la qualité de vos images) et lire les questions envoyées par les internautes. Je tente de faire ainsi à chaque fois si c'est possible, c'est tellement moins de stress et vous misez votre attention sur l'interaction.

Thu Trinh-Bouvier, responsable des nouveaux médias chez Vivendi

Bonjour, je m'appelle Thu Trinh-Bouvier et mon activité principale est responsable nouveaux médias chez Vivendi. Je suis sur Periscope depuis mars 2015 et mon pseudo est TiouFromParis (@T_Tiou)

Periscope et Facebook Live pour toi : Outils de vidéo-blogging ? de partage ? Ou nouvelle télévision ? Ou tout autre chose ?

Pour moi, c'est tout cela à la fois et autre chose ! C'est un outil de communication grand public mêlant vidéo et interaction en direct que je visionne essentiellement sur mobile en direct et en différé. C'est une brique en plus dans ma consommation de média, mais en moins formaté que ce qui est proposé par la télévision ou même par les chaînes YouTube.

Comment es-tu tombée dans la marmite du Social Live streaming ?

Tout d'abord, en observant beaucoup ce qui se faisait sur Meerkart suite à la forte médiatisation de cette appli lors de South by Southwest. Puis en observant ce qui se faisait sur Periscope. Je me suis de suite intéressée au sujet, car je mène, dans la cadre de mon travail, une veille active sur les réseaux sociaux et les nouvelles technos. Mais c'est vraiment en sympathisant et en échangeant beaucoup avec des Periscopeurs que je me suis lancée à faire moi-même des Periscopes. Je voulais expérimenter, maîtriser et comprendre l'outil. C'est grâce à cette communauté de Periscopeurs et notamment l'équipe de WeScopeTV (1ère chaîne live francophone sur Periscope) que j'ai commencé à faire des scopes régulièrement. Maintenant, j'anime sur WeScopeTV, une émission hebdomadaire sur les cuisines du monde. Et je me suis découverte une vraie passion pour le social live streaming.

Periscope ou Facebook Live ? Usage perso ou pro ?

Définitivement Periscope ! J'ai découvert le social live streaming de façon « *active* » via Periscope. Je suis donc attachée à cette appli mobile que je trouve plutôt bien conçue, simple d'utilisation et très mobile friendly aussi bien pour le periscopeur que pour les followers. De plus, je trouve que, dans la façon dont l'interface de Périscope est conçue, tu as plus de chance de toucher une large audience pendant tes lives que sur Facebook Live. Par exemple, si tu choisis un titre pertinent et attractif tu pourras attirer une audience intéressée par ton sujet.

En ce qui concerne « *Facebook Live* » il faut déjà avoir constitué une grosse communauté sur ton propre profil Facebook pour espérer avoir des spectateurs pendant ton direct. Les marques, les médias et les personnalités, ayant déjà une forte audience sur leur page, ont sans doute davantage intérêt à capitaliser sur Facebook Live. D'autant plus que les replays peuvent continuer à vivre de façon puissante et organique après le live. C'est toute la force de Facebook que de pouvoir diffuser potentiellement le contenu publié dans son environnement à un nombre d'utilisateurs toujours croissant. Au 31 juin 2016, Facebook compte 1,13 milliard d'utilisateurs actifs chaque jour et 1,03 milliard d'utilisateurs actifs chaque jour sur mobile !

Cependant, nos modes de consommation des contenus ont évolué. Face à la quantité de contenus qui nous est offerte à chaque instant, la dimension « *temps réel* » et l'aspect « *durée de vie limitée* » de nos publications sont des facteurs à prendre en compte. En cela, Periscope correspond bien à notre nouvelle façon de consommer du contenu. Sur Periscope, je constate que le visionnage des replays, en moyenne, se tasse et parfois stagne 1 à 2 jours après le live selon les sujets.

J'utilise aussi bien Periscope dans le cadre privé que professionnel. Mais surtout privé. C'est vraiment une appli que j'affectionne même si je ne peux pas négliger la puissance de Facebook Live en termes de propagation du contenu créé dans son environnement et j'observe l'évolution de ses fonctionnalités.

Est-ce que le Social Live streaming a changé quelque chose dans ta façon de communiquer avec tes followers par rapport à d'autres réseaux sociaux ?

Oui, c'est une forme d'interaction avec les followers qui est beaucoup plus engageante. D'une part, parce que je montre mon visage alors que je ne poste pas forcément beaucoup d'images de moi sur les autres réseaux sociaux. D'autre part, parce que j'entends également ma voix, ma diction. C'est donc une tout autre représentation de moi que j'offre à mes followers. J'ai le sentiment de me dévoiler davantage. Et il y a bien sûr l'échange en direct avec les followers qui est génial et déroutant, car peu maîtrisable. Commencer un direct, c'est à chaque fois comme un saut dans le vide. On ne sait pas, d'avance, quelles seront les questions qui vont vous être posées même si l'on peut parfois les anticiper. On ne sait pas ce qui va se passer : quels seront les types de commentaires qui s'afficheront et quelle sera la dynamique qui va prendre forme dans le tchat. La dimension live avec l'image et la voix change véritablement la nature de l'échange.

Le Social Live streaming est-il, de ton point de vue, un super outil de Personal Branding ?

Oui, il peut bien sûr être un formidable outil de personal branding au même titre que les autres réseaux sociaux. C'est un outil qui peut participer à la construction de son personal branding si on est à l'aise avec la dimension vidéo et interaction en direct. Mais au-delà de cela, je pense surtout que les followers s'attachent à des personnalités qui leur apportent quelque chose. Ils ne cherchent pas forcément la cohérence avec une image globale que le periscopeur chercherait en construire sur l'ensemble de son dispositif social et dont le social live stream ferait partie. Pour moi le personal branding relève d'une stratégie de construction cohérente de la représentation de soi. Or, ce que je fais sur Periscope c'est encore un autre aspect de ma personnalité qui ne transparaît sur aucun autre réseau social. C'est pour cette raison que j'apprécie autant cette appli autonome de Twitter. Elle me donne la possibilité de créer et de toucher une tout autre audience sur des sujets ou des thématiques qui me plaisent et qui n'ont rien à voir avec ce que je propose sur mon compte Twitter ou LinkedIn par exemple qui ont plus une finalité professionnelle.

Le Social Live streaming est-il un moyen de faire du business? Et si oui, comment d'après toi ?

Il y a toujours un moyen de faire du business dès qu'il y a de l'audience, non? Un des axes possibles serait de faire du brand content intelligent pour ne pas rebuter les followers, en rejet de la pub classique, tout en étant transparent avec eux. Par exemple, dans l'émission que j'anime sur WeScopeTV, je propose beaucoup de plats asiatiques que je prépare, je pourrais avoir un partenariat avec Tang Frères car j'achète l'essentiel de mes produits dans ses supermarchés. Je trouverais intéressant d'essayer de proposer des formats ingénieux de publicités non intrusives qui ne rebuteraient pas les followers.

Qu'est-ce que la combinaison de la vidéo live et des commentaires en temps réel t'a ouvert comme territoire d'expression ?

L'improvisation et la spontanéité ! C'est ce qui est d'ailleurs très plaisant et assez addictif quand on aime être surpris par les autres et se surprendre soi-même. C'est véritablement ce qui rend puissant cet outil. La combinaison de la vidéo live et des commentaires demande un état de concentration particulier. C'est assez sportif et excitant. Il faut donner du rythme à son émission, suivre le déroulé que l'on avait schématiquement prévu et laisser place aux dialogues avec les spectateurs tout en modérant le tchat s'il y a des trolls trop agressifs. C'est un savant mélange à obtenir durant la durée du live, une sorte d'équilibre qui n'est pas forcément facile à atteindre chaque fois. Mais c'est cette difficulté qui est intéressante. Cette combinaison nous force à multiplier nos compétences et à les solliciter en même temps : capacité à maintenir l'attention durant le live, capacité à rebondir selon la situation dans laquelle on se trouve, capacité à maîtriser les aspects techniques, capacité d'imaginer une mise en scène sympa pour mon émission de cuisine selon les plats que je propose... Tout cela est assez stimulant. Le soutien de la communauté est également très spécifique à cette combinaison. On peut solliciter les spectateurs pour qu'ils nous aident à modérer le tchat et pour nous proposer des idées ingénieuses.

Le spectateur peut vraiment être partie prenante de la qualité du live que l'on propose.

Es-tu prudente et mesurée sur tes scopes et si oui, pourquoi?

Je souhaite surtout apporter une information et offrir un bon moment aux personnes qui me suivent. Je n'ai pas le sentiment d'être dans le contrôle de mes propos. Je laisse beaucoup de place à la spontanéité. D'ailleurs, il m'est arrivée d'être prise dans le flot du live et de me tromper en répondant à une question. C'est là où les followers sont géniaux, car ils rectifient de suite l'erreur. J'apprécie cette situation de coconstruction du contenu de l'émission.

Qu'est-ce que tu aimerais dire lors d'une diffusion Social Live streaming que tu ne t'es pas encore autorisé?

En fait, dans mes émissions je fais découvrir les cuisines du monde. C'est une manière de faire voyager les gens tout en restant en France. C'est surtout une façon de parler d'intégration des cultures, de métissage à travers quelque chose qui nous rassemble tous: la cuisine! Je ne m'autorise pas à faire de grands plaidoyers sur la nécessité de la tolérance à un moment de l'histoire où les tensions raciales sont fortes partout en Europe et dans le monde, car cela ne correspond pas à ma personnalité. Mais au travers de mes émissions c'est vraiment cela que je défends, de façon positive j'espère. La cuisine représente un lien culturel extrêmement fort que nous entretenons tous avec nos racines. Vietnamienne d'origine, je revendique le métissage des ingrédients et des savoir-faire culinaires lorsque je propose un plat en direct. Cela correspond à des convictions profondes que je souhaite partager et défendre.

Quels conseils donnerais-tu à ceux qui ne sont pas encore sur Periscope?

Je lui dirais:» C'est une formidable nouveau terrain de jeu qui s'offre à toi! Ne t'en détourne pas trop vite si tu ne comprends pas de suite les règles de fonctionnement et si tu es un peu désarçonné par Periscope. Il y a encore de multiples choses à inventer en termes de contenus et autant que tu sois de la partie! Constitue-toi progressivement ta propre liste de personnes que tu souhaites suivre selon tes centres d'intérêt. Pour cela, tire parti des catégories proposées par Periscope ou par son moteur de recherche. La liste des tendances va également te permettre de suivre les scopes les plus populaires, c'est un bon moyen de découvrir des contenus variés. Tu vas également pouvoir voyager en utilisant la carte de localisation des scopes, n'hésites pas à t'en servir. Observe et après lance-toi!»

Quelles sont, selon toi, les meilleures astuces pour réussir sur Periscope ou Facebook Live?

Pour se lancer sur Periscope, il y a les astuces et conseils assez classiques:

- Prépare ton émission:
  - Aspects techniques: Avoir son smartphone / vérifier la qualité de la connexion (wifi / 4G); tester l'image et le son / kit mains libres / avoir une batterie si tu es à l'extérieur.

- Aspects éditoriaux :
  - de quoi vas-tu parler ? Prépare ton sujet !
  - demande à des amis qui ont également un compte Periscope de venir te rejoindre lorsque tu démarreras ton émission. Cela facilitera ta prise de parole et l'interaction avec les commentaires.

- Communique sur ton live sur tes autres réseaux sociaux avant / pendant / après

- Identifie les periscopeurs dont tu te sens proche en termes de contenus et de personnalités. Tisse des liens forts avec eux et demande-leur leur soutien lors de tes premiers periscopes. Ils pourront parler de toi sur leur live et ils pourront aussi, s'ils le souhaitent, faire venir leur audience sur tes scopes. C'est bien d'être parrainé et de parrainer à son tour des periscopeurs que tu apprécies. C'est ça l'esprit de la communauté !

- Pendant le live :
  - Salue tes followers et personnalise la relation que tu as avec eux. C'est essentiel !
  - Déroule ton émission tout en étant à l'écoute de tes followers. Rentre en interaction avec eux. Réponds à un maximum de questions. N'hésite pas à improviser.
  - Sollicite tes followers pendant le live : pose-leur des questions ; demande-leur de l'aide et leur avis. Fais-les participer à ton émission.
  - Demande l'aide de tes followers pour qu'ils partagent ton live.
  - Lorsque tu vas finir ton periscope, remercies tes followers et proposes ton prochain rendez-vous.

Entraîne-toi ! Plus tu en feras, plus tu seras bon ! Focalise-toi sur la qualité des interactions et des relations que tu établis avec tes followers plutôt que sur la quantité des followers pendant les live. Une communauté, cela se construit dans le temps.

Rémy Buisine, journaliste

Je m'appelle Rémy Buisine, j'ai 26 ans et mon activité principale est désormais le journalisme depuis peu, je suis actif sur Periscope depuis la création de l'application sur la couverture d'événements d'actualité. Mon pseudo est @ remybuisine.

Periscope et Facebook Live pour toi : Outil de video-blogging ? De partage ? Ou nouvelle télévision ? Ou tout autre chose ?

Une nouvelle télévision... Ce qui était jusqu'à maintenant encore uniquement possible pour les pros en raison des moyens techniques que cela demande est désormais dans les mains de chacun d'entre nous. La possibilité de retransmettre en direct avec une bonne qualité... et l'interactivité en plus !

Comment es-tu tombé dans la marmite du Social Live streaming ?

J'étais Community Manager à la base, donc avec une curiosité et sensibilité sur les nouveautés des réseaux sociaux. J'attendais ce type d'application depuis un moment, c'est une véritable révolution.

Periscope ou Facebook Live ? Usage perso ou pro ?

Usage perso et pro avec une optique : celle du partage de l'information en temps réel sur des événements majeurs de l'actualité.

Est-ce que le Social Live streaming a changé quelque chose dans ta façon de communiquer avec tes followers par rapport à d'autres réseaux sociaux ?

Bien sûr, c'est un outil formidable pour offrir une perspective en direct sur des événements d'actualité, sans montage et avec un lien très proche avec les personnes qui suivent le direct grâce à l'interactivité.

Le Social Live streaming est-il, de ton point de vue, un super outil de Personal Branding ?

Oui bien sûr, car c'est sans filtre, en direct et avec une possibilité d'interactivité qui rapproche avec les personnes qui nous suivent. L'outil en lui-même, en étant utilisé d'une façon bien réfléchie, est formidable sur ce point-là.

Le Social Live streaming est-il un moyen de faire du business ? Et si oui, comment d'après toi ?

Ce n'est pas une évidence et forcément la première utilisation qui est pertinente, mais pourquoi pas... Mais cela demande une grosse réflexion sur la façon de le faire. Il faut de l'originalité... sinon attention au bad buzz.

Qu'est-ce que la combinaison de la vidéo live et des commentaires en temps réel t'a ouvert comme territoire d'expression ?

Un rapprochement avec ceux qui me suivent, des idées et une valeur ajoutée à mes directs. Le fait d'avoir les commentaires et avis en temps réel sur ce que je diffuse me permet d'avoir encore mieux. C'est comme si c'était collaboratif. J'ai les idées en tête, mais toujours l'ouverture d'esprit à faire évoluer mon direct selon les demandes des spectateurs.

Es-tu prudent et mesuré sur tes scopes et si oui, pourquoi ?

Dans mon créneau, c'est très important, diffusant des événements d'actualités, d'avoir une certaine déontologie dans mon approche. Éviter les images sensibles ou choquantes, car le direct ne permet pas de prévenir son audience. Il faut trouver le juste équilibre en le devoir d'informer et ne pas tomber dans le voyeurisme ou le trash. L'actualité en France étant difficile ces derniers mois, il y a vraiment une grosse réflexion et préparation à avoir.

Qu'est-ce que tu aimerais dire lors d'une diffusion Social Live streaming que tu ne t'es pas encore autorisé ?

Rien de particulier, je parle sans filtre.

Quels conseils donnerais-tu à ceux qui ne sont pas encore sur Periscope ?

Préparer votre direct à l'avance, soyez à l'écoute des commentaires.

Quelles sont, selon toi, tes meilleures astuces pour réussir sur Periscope ou Facebook Live ?

Préparation, prendre en compte l'interactivité, bien choisir son titre, inciter au partage.

Chantal Hoogvliet, producer & casting models for high fashion and luxuary brands

Prêt pour un témoignage en anglais? Nous avons décidé de vous offrir une pause dans la langue de Shakespeare avec le témoignage de Chantal Hoogvliet. Pas de traduction ici car, dans le live comme dans la vie, rien ne vaut la prise directe. Let's go!

Chantal Hoogvliet is a former model, working now in the Fashion industry in Paris as producer & casting models for high fashion and luxury brands. Periscope handle @ChantalTV broadcasting since April 2015

What does Periscope and Facebook Live mean to you? Video-blogging tools? Sharing tools? New TV? or something else?

Mobile livestream is for me a story telling tool, I can tell in moving images and with my own commentary a story, which has real time engagement so it's not so time consuming as vlogging. I do think it will take over a part of the established TV, so it's social media TV for me which is easy to embed in my website/blog.

How did you fall in the magic addiction of livestreaming?

I saw on TV an item about Meerkat and started it straight away, but was not convinced. Then Periscope came out and I downloaded it, but I had no decent iPhone for it. So after a few weeks I started to broadcast from my Ipad and was hooked. I was so fascinated by the engagement of the scopes and decided to keep broadcasting from my balcony every morning in Paris.

Are Periscope or Facebook Live more personal or professional for you?

Periscope is my favorite mobile streaming app as I can be discovered by whoever has the app. Facebook live's discovery for personal profiles is too small and my mum and friends I can call and talk to, I don't need to broadcast for them. I use my own Periscope profile for personal use at this stage.

Has Social live streaming tools changed your way of communicating with your followers?

I use all my social media platforms to cross them over. So I send my Periscope followers to snapchat and vice versa. Snapchat is a very nice app as addition to Periscope as my followers still have the feeling they follow me "live" when I have no time to broadcast on Periscope.

Do you see Social Live streaming tools as great tools for personal branding?

Social live streaming or mobile live streaming is for me a super tool for personal branding, even my clients respect the brand I have created. Do realize I am a persona in my Personal Branding.

Are Social live streaming means to do business?

I do think social live streaming is a business platform, we just have to be very patient as the clients are not seeing the full potential yet and I believe the best talent still have to do their first broadcast.

How has the effect of live video and real time comments changed the way we express ourselves?

For the first time in my live I could talk all by myself from my little balcony in Paris and people would respond, I was in charge what we would talk about. So I was creating a broadcast that was interesting for me and luckily I had many people who liked my topics, humor and engagement. I am from a small village in Holland and this small village girl had finally a voice, it feels like a dream sometime, people from whatever country in the world join me.

Are you cautious or careful about what you say on Periscope or Facebook Live?

I'm very careful what to say, I try to keep my opinions for myself and I avoid politics and religion. Livestreaming is a pure form of entertainment for me.

What would you like to say on Social Live streaming tools that you haven't dared say?

I would love to engage in politics, but I'm sure the fun would get out of my livestreams. The burkini issue was a very interesting topic and I was close to making a livestream on the beach of Cannes, I'm still not gonna say what I would have said ; -)

What advice would you give people who haven't yet tried Periscope or Facebook Live?

Don't feel obliged to broadcast, watch many broadcasts to see how others do this and maybe you find a broadcast that inspires you to broadcast. We all have something interesting to broadcast, look around you, the bee, the flowers, the view! I always say in an arm length distance you have a subject. Livestream is practice, just push the button to broadcast and make mistakes.

What are your best tips for succeeding on periscope?

Support other broadcasters, share and share, it's called "social" which means community.

Rémy Bournoville, entrepreneur

Bonjour je suis Rémy Bournoville, je suis spécialiste de la diffusion vidéo en streaming depuis plus de 15 ans. Je suis monteur vidéo et effets spéciaux. Je gère une plateforme de création et de gestion d'applications mobiles Reservoir Apps. Je suis sur Periscope depuis janvier 2016. Le 7 mai 2016, j'ai commencé mon premier direct. Mon pseudo est @ReservoirApps

Periscope et Facebook Live pour toi : Outil de video-blogging ? De partage ? Ou nouvelle télévision ? Ou tout autre chose ?

Ce sont des outils de communication exceptionnels pour faire partager sa vision du monde, son environnement direct, sa passion, son processus créatif et aussi son business.

Comment es-tu tombé dans la marmite du Social Live streaming ?

Je connais Periscope et Facebook Live (Facebook Mentions) depuis leurs débuts en 2015. En janvier 2016, j'ai installé l'application Periscope et j'ai suivi plusieurs Periscopeurs anglophones. J'ai rapidement compris le potentiel de l'outil et j'ai prévu de commencer début mai.

Periscope ou Facebook Live ? Usage perso ou pro ?

Periscope est le meilleur outil pour se faire connaître. Facebook Live s'améliore, mais c'est toujours Facebook, pas une application dédiée au live streaming. J'utilise Periscope pour un usage professionnel.

Est-ce que le Social Live streaming a changé quelque chose dans ta façon de communiquer avec tes followers par rapport à d'autres réseaux sociaux ?

Le Social Live streaming a tout changé. Periscope c'est : du Live + Interaction en temps réel avec les abonnés + Un réseau social intégré. Tout se fait en temps réel. L'image, l'énergie, l'enthousiasme que l'on communique aux spectateurs (qui ne sont plus simples spectateurs d'ailleurs, mais désormais tous acteurs) en Live, se répercute sur tout le réseau. Les personnes qui vous suivent peuvent également faire rentrer leurs abonnés dans le direct.

Le Social Live streaming est-il, de ton point de vue, un super outil de Personal Branding ?

Le Social Live streaming est le meilleur outil pour mettre en avant son business, sa marque, son logo, son entreprise. L'audience est sensible au Live ainsi qu'au Replay.

Le Social Live streaming est-il un moyen de faire du business ? Et si oui, comment d'après toi ?

Le Social Live streaming est un moyen de faire du business. Un des meilleurs moyens pour se faire connaître, gagner en visibilité et faire parler de soi. Les personnes qui viennent vous voir lors des directs veulent savoir qui vous êtes et ce que vous faites.

Qu'est-ce que la combinaison de la vidéo live et des commentaires en temps réel t'ont ouvert comme territoire d'expression ?

Cette combinaison permet de pouvoir discuter avec des personnes diverses, de différentes cultures et de différents horizons. C'est donc bien évidemment très enrichissant de pouvoir partager et d'être en interaction avec cette audience multiple.

Es-tu prudent et mesuré sur tes scopes et si oui, pourquoi ?

Je suis prudent et mesuré, car je m'adresse à un public. Certaines personnes commencent à me connaître jour après jour mais il faut garder à l'esprit en permanence que de nouveaux spectateurs/acteurs se connectent régulièrement et ne me connaissent pas. Il ne s'agit pas non plus de faire du Live en s'adressant plus à un individu qu'à un autre.

Qu'est-ce que tu aimerais dire lors d'une diffusion Social Live streaming que tu ne t'es pas encore autorisé ?

Dans le cadre de mes sujets, je ne m'interdis rien.

Quels conseils donnerais-tu à ceux qui ne sont pas encore sur Periscope ?

Ceux qui n'ont pas encore saisi l'importance du Live Streaming et des outils que sont Periscope et Facebook Live doivent déjà venir faire une recherche des bons directs et ainsi en comprendre le potentiel. Ensuite, ils pourront s'ils le souhaitent utiliser ces plateformes.

Quelles sont, selon toi, les meilleures astuces pour réussir sur Periscope ou Facebook Live ?

La seule astuce possible c'est de démarrer un Live avec une envie de s'amuser. Ensuite, tout est possible.

Moctar Kane, journaliste

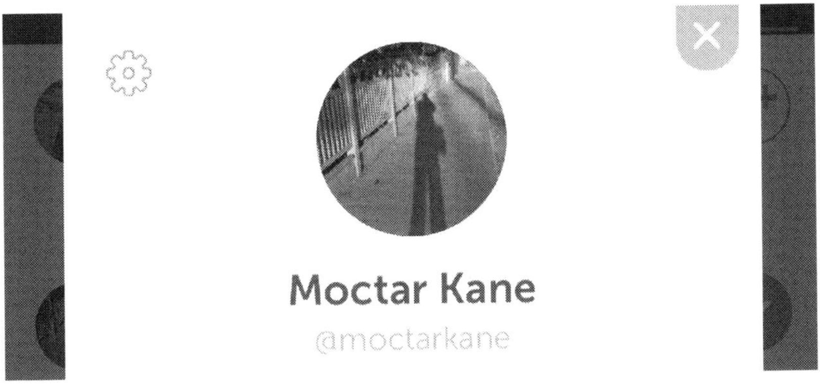

Bonjour je suis Moctar KANE. J'ose encore être journaliste, mais ne le répétez pas s'il vous plaît.

Periscope pour toi : Outil de video-blogging ? De partage ? Ou nouvelle télévision ? Ou tout autre chose ?

Periscope peut être utilisé comme un outil de video-blogging mais avec plusieurs limitations. Dont l'impossibilité de modifier le titre de son stream ou scope une fois le direct lancé ou terminé. Quelques fois, la direction (imprévue) de son live peut changer, comme lors de la couverture d'une actu par exemple... C'est un complément de la télévision, une caméra live abordable. Avec plus de fonctions (et d'outils, d'extensions), Periscope devient un studio mobile (voire un micro camion régi à l'avenir).

Comment es-tu tombé dans la marmite du Social Live streaming ?

J'ai commencé mon premier scope (sur Periscope) quelques semaines après son lancement. Un rédacteur en chef m'avait donné carte blanche pour parler d'un sujet que je trouvais intéressant à ce moment. Je n'ai pas hésité longtemps à proposer Periscope, une des applications m'ayant le plus bluffé depuis un certain temps. J'ai commencé à regarder les scopes des pionniers (dont PenguinSix à Hong Kong) pour les besoins du papier. Puis, j'ai appuyé sur le bouton Record peu après. Je reste encore un amateur. Me demande toujours quelle direction donner à cette/ma pratique du livestreaming.

Periscope ou Facebook Live ? Usage perso ou pro ?

Je suis toujours dans une phase de découverte. Et même de test. Mais je ne compte pas faire du livestreaming un usage intimiste pour parler ou se montrer à sa famille ou ses amis (il y a des outils pour cela).

Est-ce que le Social Live streaming a changé quelque chose dans ta façon de communiquer avec tes followers par rapport à d'autres réseaux sociaux ?

Cela rapproche des gens (qui ne se connaissant pas). Cela transporte plus de passion. Cela peut créer aussi des tensions entre scopers ou scopers et spectateurs. Autre chose : cela a influencé mon compte Twitter (en qualité et quantité d'échanges).

Le Social Live streaming est-il, de ton point de vue, un super outil de Personal Branding ?

Les effets de Periscope sur les « *top scopers* » me semblaient plus importants il y a quelques mois que maintenant.

Le Social Live streaming est-il un moyen de faire du business ? Et si oui, comment d'après toi ?

Il y a le potentiel de faire du business. Encore, faudrait-il connaître des chiffres comme le nombre d'utilisateurs. Mais à part le business c'est un outil de connaissance, d'exploration formidable.

Qu'est-ce que la combinaison de la vidéo live et des commentaires en temps réel t'ont ouvert comme territoire d'expression ?

L'échange en continu et en direct transforme le spectateur en coacteur du live.

Es-tu prudent et mesuré sur tes scopes et si oui, pourquoi ?

Prudent dans la validité des informations données. J'ai la chance de ne pas avoir eu beaucoup de trolls. Mes spectateurs ont également compris, pour la plupart, qu'il n'était pas question de tourner la caméra vers moi. Je montre ce qu'il y a autour, ce qui se passe autour.

Qu'est-ce que tu aimerais dire lors d'une diffusion Periscope que tu ne t'es pas encore autorisé ?

« *Autorisé* » ? Pas sûr d'avoir compris ce mot dans ce contexte. S'il s'agit de déontologie, c'est le même principe que pour d'autres médias. Autrement, je vois plus des limitations techniques. Pourquoi n'est-il toujours pas possible de faire un scope en utilisant deux ou trois smartphones (diffusion multicam) ? On peut déjà faire une diffusion avec un smartphone et une caméra GoPro ou un drone).

Quels conseils donnerais-tu à ceux qui ne sont pas encore sur Periscope ?

Regarder puis tester. Et ne pas y passer trop de temps. La vraie vie est plus importante que celle virtuelle diffusée par les réseaux sociaux.

Quelles sont, selon toi, les meilleures astuces pour réussir sur Periscope ou Facebook Live ?

Le meilleur conseil c'est d'être à l'aise. Puis de s'adapter selon les conditions. Vient ensuite le minimum d'accessoires pour tel ou tel type de diffusion (statique, mobile, reportage,...).

Claire Waddington, traductrice et guide

Bonjour, je suis Claire Waddington, traductrice et guide, sur Periscope depuis le début, fin mars 2015, @clairewaddington

Periscope et Facebook Live pour toi : Outil de video-blogging ? De partage ? Ou nouvelle télévision ? Ou tout autre chose ?

J'utilise uniquement Periscope. Pour moi c'est un très beau moment de partage, à chaque fois unique, où c'est les autres qui dirigent l'histoire. C'est un moyen de faire des nouvelles découvertes et lier des amitiés incroyables dans le monde entier qui autrement ne seraient pas possibles. C'est un accès au monde et à des endroits nouveaux. Tout est possible.

Comment es-tu tombé dans la marmite du Social Live streaming ?

Par hasard en lisant les infos. J'ai essayé et mes followers ont adoré et j'étais accro.

Periscope ou Facebook Live ? Usage perso ou pro ?

Perso et pro. Les deux. On crée forcément des liens utiles pro aussi quand on s'ouvre à un si grand public. Je préfère de loin interaction sur Periscope que FB live pour l'instant.

Est-ce que le Social Live streaming a changé quelque chose dans ta façon de communiquer avec tes followers par rapport à d'autres réseaux sociaux ?

Oui tout à fait. Le live streaming vers le monde entier, aux personnes que tu ne connaissais pas avant c'est tout à fait autre chose.

Le Social Live streaming est-il, de ton point de vue, un super outil de Personal Branding ?

Oui je pense pour certaines personnes.

Le Social Live streaming est-il un moyen de faire du business ? Et si oui, comment d'après toi ?

Oui - l'ouverture au monde entier est possible. Tu partages ta passion et les gens le sentent. Ils te contactent avec des idées et tu peux par exemple les guider vers un site web.

Qu'est-ce que la combinaison de la vidéo live et des commentaires en temps réel t'a ouvert comme territoire d'expression ?

C'est l'essentiel même de Periscope. J'adore, c'est une conversation en live avec à la fois ses amis et le monde entier - c'est une aventure à chaque fois. On ne sait jamais où ça va aller. Tu guides et tu te laisses guider. C'est parfois magique.

Es-tu prudente et mesurée sur tes scopes et si oui, pourquoi ?

Parfois oui, c'est quand même très public et il faut se protéger parfois. Je suis mes instincts.

Qu'est-ce que tu aimerais dire lors d'une diffusion Periscope que tu ne t'es pas encore autorisé ?

Rien, je dis tout !

Quels conseils donnerais-tu à ceux qui ne sont pas encore sur Periscope ?

Commencez en tant que viewer, participez et vous allez vite faire partie d'une communauté - revoir les mêmes personnes. Quand vous êtes prêts à foncer, trouvez votre truc à vous que vous voulez partager.

Quelles sont, selon toi, les meilleures astuces pour réussir sur Periscope ou Facebook Live ?

Être soi-même et toujours répondre et interagir, engager et laisser les autres guider tout en ayant un but.

Le Social Live streaming un phénomène sociétal?

Postface de Thu Trinh-Bouvier, responsable Nouveaux Médias chez Vivendi et auteure aux Editions Kawa

Déjà présent dans l'univers des jeux vidéo sur des plateformes tels que Twitch. tv ou Youtube Gaming «*le social live stream*» touche aujourd'hui le «*grand public*».

Et si l'on en juge par la course aux outils et aux fonctionnalités lancées depuis plusieurs mois par Twitter avec Periscope, Facebook avec Facebook Live, en attendant l'arrivée de Google avec Youtube Connect, on comprend qu'il représente un enjeu de taille pour chacun de ces géants de l'internet. Dans la bataille qui s'est engagée, il s'agit pour les uns et les autres de ne pas perdre du terrain en proposant des outils et fonctionnalités de plus en plus performants et adaptés aux utilisateurs. Le but étant de les conserver et surtout d'en gagner de nouveaux.

Au-delà des aspects purement techniques qui permettent aujourd'hui à tout un chacun d'animer et diffuser un live vidéo participatif (la 4G ou le wifi, les smartphones, les appli), il est intéressant d'analyser les facteurs qui contribuent à l'émergence de cette pratique.

En effet, le phénomène du Social Live stream s'appuie sur des fondamentaux de la culture web social qui favorisent son essor. Cette culture s'est construite au fil des années et imprègne les usages actuels.

- La culture de l'interaction et du partage: que l'on soit simple observateur ou contributeur actif, nous baignons dans la culture de l'échange et de l'expression de nos sentiments ou d'idées. Via les commentaires, les recommandations, les likes et autres symboles visuels, nous faisons entendre notre voix sur les sujets qui nous touchent en adoptant des postures différentes: celle de l'amateur, du consommateur ou de l'expert.
- La culture de la représentation visuelle de soi et du monde: la technologie (la qualité de la caméra des smartphones, la 4G et les appli mobiles) a modifié notre rapport à l'image. Nous sommes devenus des producteurs compulsifs d'images (300 heures de vidéos postées chaque minute sur YouTube; 80 millions de photos partagées tous les jours sur Instagram - en 2016).

Dans mon précédent ouvrage[1], je décryptais la création de ce langage du quotidien basé sur l'image, que je nomme «*le Pic speech*», présente notamment sur Snapchat, Instagram ou Facebook Messenger et WhatsApp. Nous dialoguons désormais avec et en images. Les fameux selfies font

1 Parlez-vous Pic speech? - La nouvelle langue des générations Y et Z, éditions Kawa.

partie de notre palette d'expressions. Biberonnés à la TV et à YouTube, nous partageons un référentiel « *audiovisuel et vidéo* » commun.

Nous avons pris l'habitude de nous mettre nous-mêmes en scène et de « *travailler* » les représentations du monde que nous proposons à notre entourage et à la communauté du World Wide Web.

- La culture de l'anonymat : le web social c'est la possibilité de s'exprimer sur tous les sujets en conservant l'anonymat. Ce qui a pour effet de « libérer » la parole. De façon positive, comme par exemple en contribuant à l'enrichissement du savoir en co-créant du contenu sur Wikipédia. Mais également de façon négative voire agressive sur un mode défouloir. Le cas le plus souvent cité étant incarné par le troll.
- La culture de l'apprentissage sur le tas et de l'exploration : cette dimension « défrichage » et « appropriation de nouvelles formes d'expression » par des personnes qui explorent les nouveaux outils pour proposer des formes innovantes d'expression est inhérente à l'histoire du web et surtout du web social où les utilisateurs sont les producteurs de contenus. Nous avons vu ainsi apparaître un nouveau statut « les influenceurs », ces prescripteurs partageant leur savoir sur un sujet mais n'appartenant pas au sérail des chercheurs, des universitaires.
- La culture de l'immédiateté et de l'éphémère : toujours plus d'immédiateté et de relationnel, voilà ce qui pourrait résumer une des fortes tendances du social web.

Elle est révélatrice de l'appétence des utilisateurs pour les « *snack contents* » (ces contenus courts qui n'ont pas pour objet de durer dans le temps) qui sont intégrés à nos conversations.

Cette mouvance s'incarne notamment au travers le succès des Stories sur Snapchat (10 milliards de vidéos vues par jour sur Snapchat - 28/04/2016) et aujourd'hui sur Instagram.

Ainsi, l'arrivée de Periscope, de Facebook Live dans ce contexte de maturité d'usage permet au social live stream de trouver un public dès son lancement. À ses débuts, il a été porté par des curieux, des amateurs et des professionnels des nouvelles technos qui se sont regroupés par communautés électives autour de centres d'intérêts communs (la technologie, les visites des capitales du monde, l'actualité...).

Dans mon livre « *Les secrets des nouvelles stars du tout petit écran* », j'ai mené une étude sur les social Livestreamers, ces animateurs d'un nouveau genre. Cette analyse a pour finalité de mieux cerner et comprendre le basculement actuel à travers l'étude de ces nouveaux profils.

Les social Livestreamers construisent progressivement, selon leur personnalité, des liens privilégiés avec leur audience. Ils sont tour à tour animateurs de leurs émissions ou simples spectateurs. Ils construisent un contenu spécifique où le dialogue avec leur communauté via le « *chat* » est central.

Pour tisser cette relation étroite avec leur audience, ils mêlent informations personnelles et partagent leurs passions. Par la dynamique qu'ils insufflent à leur live, ils permettent également à leur audience de «*faire communauté*» autour d'eux.

Comme tout phénomène, ces animateurs d'un nouveau genre bousculent les schémas classiques du monde des médias en proposant d'autres modèles.

Une fenêtre s'est ouverte qui verra émerger d'autres types de narrations et de contenus : tout reste à formaliser et à imaginer.

Alors, demain ? Tous social Livestreamers ?!

Thu Trinh-Bouvier
Responsable Nouveaux Médias chez Vivendi et auteur
Twitter : @TiouFromParis Tumblr : Blog d'illustrations

Remerciements

Chose inhabituelle, nous souhaitons d'abord vous remercier d'avoir acheté ce livre, de l'avoir lu. Nous espérons sincèrement que nous vous avons donné l'envie de vous mettre au Social Live streaming.

Nous remercions tout d'abord les participants à ce livre qui ont accepté de nous livrer leurs retours riches de multiples expériences, notre éditeur Xavier Wargnier qui nous a fait confiance, notre directeur éditorial Henri Kaufman pour son aide et son soutien lors de ce travail de co-gestation à trois plumes des deux côtés de l'atlantique, Raphaëlle et Fanny pour leur coup de main pour la relecture et last but not least, le talentueux David Abiker pour sa préface du tonnerre de Zeus.

Et puis, nos remerciements seraient incomplets si nous ne mentionnions pas les milliers de spectateurs qui interagissent avec nous chaque semaine lors de nos diffusions en live. C'est avec eux que nous progressons et innovons chaque jour en live vidéo.

Merci ... et à très vite en live.

PPC, Benoit et Damien

Pour suivre PPC : http://twitter.com/ppc http://periscope.tv/ppc

Pour suivre Benoit : http://twitter.com/bdescary http://periscope.tv/bdescary

Pour suivre Damien : http://twitter.com/damiendouani http://periscope.tv/damiendouani

Le mot de l'éditeur

Il faut sans doute être un peu fou pour être éditeur aujourd'hui. C'est d'ailleurs parfois ce qu'on nous a dit lorsque nous avons créé les Éditions Kawa en 2010, à l'heure du «*tout Internet*», du numérique et de la virtualisation. Mais c'est probablement cette folie qui nous a permis de garder intacte notre ambition de départ, celle de contribuer au partage des connaissances et des savoir-faire entre ceux qui les décrivent et ceux qui les découvrent. Sans jamais nous départir de notre curiosité, sans jamais chercher à orienter les débats ni à surfer sur les polémiques.

Aujourd'hui, après plus de 150 titres publiés et quelques jolis best-sellers largement médiatisés, notre maison d'édition est devenue une référence dans les domaines du marketing, du digital et de la communication d'entreprise notamment. Peut-être parce que nous sommes fous, c'est vrai, mais aussi parce que nous sommes passionnés. Passionnés par ce monde qui bouge, par ces gens qui ont des choses à dire, par ces auteurs que nous ne nous contentons pas d'accompagner dans leur processus d'écriture mais avec qui nous entretenons dès le premier contact un dialogue étroit, respectueux et amical.

Notre succès, nous le devons sans doute également à notre vision de la «*révolution digitale*», et à notre conviction qu'elle mérite bien mieux qu'un traitement fugitif et superficiel; mieux que cette course effrénée à l'information qui fait qu'on n'a plus le temps de se poser les bonnes questions, et encore moins d'écouter les bonnes réponses. Plus précisément, en tant que professionnels du digital, il nous paraît essentiel de nous arrêter par moment sur tous ces sujets qui forment notre quotidien de citoyens, d'entrepreneurs, de consommateurs ou même simplement d'internautes. Le temps d'un livre, justement, pour poser des idées, les développer, les mettre en perspective afin de nourrir nos propres réflexions et, qui sait, de faire évoluer notre point de vue. Le livre que vous tenez entre les mains reflète parfaitement cette volonté.

Xavier Wargnier
Directeur fondateur des Éditions Kawa

Retrouvez moi sur:
www.facebook.com/xavierwargnier
http://twitter.com/xavierwargnier
http://fr.linkedin.com/in/xavierwargnier

Organisateur des sommets du digital:
http://les-sommets-du-digital.com/

Xavier WARGNIER
Retrouvez moi sur :
www.facebook.com/xavierwargnier
http://twitter.com/xavierwargnier
http://fr.linkedin.com/in/xavierwargnier

Suivez la chaîne vidéo YouTube et la page Facebook des Editions Kawa :
http://www.youtube.com/user/KawaEditions
http://www.facebook.com/editions.kawa

ISBN : 978-2-36778-143-3
Dépôt légal : Avril 2017

Editions Kawa
88, Chemin des Perrières - 74290 Bluffy - France
www.editions-kawa.com

Directeur Éditorial
Henri Kaufman

Conception graphique et réalisation :
Guillaume Monsigny - www.gm-design.fr

Illustration de couverture :
Tom Kaufman

Catalogue des publications sur :
www.editions-kawa.com

Made in United States
Orlando, FL
04 November 2026

90202165R10101